图1-3 空乘人员的形象

图4-4 空乘人员的微笑

图4-5 空乘人员眼神的交流

图5-2 男性空乘人员开立式站姿

图5-3 女性空乘人员丁字位站姿

图5-4 基本行姿

图5-5 高低式蹲姿

图5-6 交叉式蹲姿

图5-7 标准式坐姿

图5-8 平行式坐姿

图5-9 叠腿式坐姿

图5-10 正常垂放手势站立

图5-11 自然搭放手势的站立

图5-12 引领乘客

图5-13 手持物品

（a） （b） 图 5-15 展示物品

图 5-14 递接物品

图 5-16 握手 图 5-18 45°、30°、15°鞠躬礼

图 5-19 客舱服务中的行姿 图 5-21 客舱服务中的站姿

（a）

（b） （c）

图9-1　男性乘务员正确坐姿

（a）

（b）

图9-2　正确走姿

图9-3　男性空乘人员正确蹲姿

图9-4　手势

图9-6　鞠躬致意

"十三五"全国高等院校民航服务专业规划教材

空乘人员形体与仪态

主　编 ◎ 杨　静
副主编 ◎ 郑大莉　王焱源　秦　洪
　　　　郑　绚　熊慧茹　焦于歌

Flight Attendant's Form and Etiquette

清华大学出版社
北　京

内 容 简 介

本书分为形体篇、仪态篇和实训篇三部分,共九章,每一章开头设有课前导读、学习目标/知识目标、能力目标,形体篇和仪态篇各章结尾配有思考与练习,帮助读者掌握学习重点、难点,并对所学知识进行及时的巩固。书中还配有实操训练明细,图文并茂,系统和科学地进行教学和实践,帮助读者逐步塑造完美的形体,培养正确的仪态,为良好的气质修养及优雅的职业礼仪打下坚实基础。

本书既适合高校民航服务类相关专业学生使用,也可作为社会职场人士的参考用书。

本书封面贴有清华大学出版社防伪标签,无标签者不得销售。
版权所有,侵权必究。举报:010-62782989,beiqinquan@tup.tsinghua.edu.cn。

图书在版编目(CIP)数据

空乘人员形体与仪态 / 杨静主编. —北京:清华大学出版社,2020.1(2023.9重印)
"十三五"全国高等院校民航服务专业规划教材
ISBN 978-7-302-54775-4

Ⅰ. ①空… Ⅱ. ①杨… Ⅲ. ①民用航空—乘务人员—形态训练—高等学校—教材 Ⅳ. ①F560.9

中国版本图书馆CIP数据核字(2020)第001686号

责任编辑:杜春杰
封面设计:刘 超
版式设计:文森时代
责任校对:马军令
责任印制:沈 露

出版发行:清华大学出版社
网　　址:http://www.tup.com.cn,http://www.wqbook.com
地　　址:北京清华大学学研大厦A座　　　　邮　编:100084
社 总 机:010-83470000　　　　　　　　　　邮　购:010-62786544
投稿与读者服务:010-62776969,c-service@tup.tsinghua.edu.cn
质量反馈:010-62772015,zhiliang@tup.tsinghua.edu.cn

印 装 者:三河市君旺印务有限公司
经　　销:全国新华书店
开　　本:185mm×260mm　　印　张:12　　插　页:2　　字　数:265千字
版　　次:2020年3月第1版　　　　　　　　　印　次:2023年9月第6次印刷
定　　价:49.80元

产品编号:073867-02

"十三五"全国高等院校民航服务专业规划教材丛书主编及专家指导委员会

丛 书 总 主 编　刘　永（北京中航未来科技集团有限公司董事长兼总裁）
丛 书 副 总 主 编　马晓伟（北京中航未来科技集团有限公司常务副总裁）
丛 书 副 总 主 编　郑大地（北京中航未来科技集团有限公司教学副总裁）
丛 书 总 主 审　朱益民（原海南航空公司总裁、原中国货运航空公司总裁、原上海航空公司总裁）
丛 书 英 语 总 主 审　王　朔（美国雪城大学、纽约市立大学巴鲁克学院双硕士）
丛 书 总 顾 问　沈泽江（原中国民用航空华东管理局局长）
丛 书 总 执 行 主 编　王益友［江苏民航职业技术学院（筹）院长、教授］
丛 书 艺 术 总 顾 问　万峻池（美术评论家、著名美术品收藏家）
丛书总航空法律顾问　程　颖（荷兰莱顿大学国际法研究生、全国高职高专"十二五"规划教材《航空法规》主审、中国东方航空股份有限公司法律顾问）

丛书专家指导委员会主任

关云飞（长沙航空职业技术学院教授）

张树生（山东交通学院教授，国务院津贴获得者）

刘岩松（沈阳航空航天大学教授）

宋兆宽（河北传媒学院教授）

姚　宝（上海外国语大学教授）

李剑峰（山东大学教授）

孙福万（国家开放大学教授）

张　威（沈阳师范大学教授）

成积春（曲阜师范大学教授）

"十三五"全国高等院校民航服务专业规划教材编委会

主　任　　高　宏（沈阳航空航天大学教授）　　　杨　静（中原工学院教授）
　　　　　　　李　勤（南昌航空大学教授）　　　　　李广春（郑州航空工业管理学院教授）
　　　　　　　安　萍（沈阳师范大学）　　　　　　　彭圣文（长沙航空职业技术学院）
　　　　　　　陈文华（上海民航职业技术学院）

副主任　　兰　琳（长沙航空职业技术学院）　　　庞庆国（中国成人教育协会航空服务教育培训专业委员会）
　　　　　　　郑　越（长沙航空职业技术学院）　　　郑大莉（中原工学院信息商务学院）
　　　　　　　徐爱梅（山东大学）　　　　　　　　　黄　敏（南昌航空大学）
　　　　　　　韩　黎［江苏民航职业技术学院（筹）］　曹娅丽（南京旅游职业学院）
　　　　　　　胡明良（江南影视艺术职业学院）　　　李楠楠（江南影视艺术职业学院）
　　　　　　　王昌沛（曲阜师范大学）　　　　　　　何蔓莉（湖南艺术职业学院）
　　　　　　　孙东海（江苏新东方艺先锋传媒学校）　戴春华（原同济大学）
　　　　　　　施　进（盐城航空服务职业学校）　　　孙　梅（上海建桥学院）
　　　　　　　张号全（武汉商贸职业学院）

委　员（排名不分先后）
　　　　　　　于海亮（沈阳师范大学）　　　　　　　于晓风（山东大学）
　　　　　　　王丽蓉（南昌航空大学）　　　　　　　王玉娟（南昌航空大学）
　　　　　　　王　莹（沈阳师范大学）　　　　　　　王建惠（陕西职业技术学院）
　　　　　　　王　姝（北京外航服务公司）　　　　　王　晶（沈阳航空航天大学）
　　　　　　　邓丽君（西安航空职业技术学院）　　　车树国（沈阳师范大学）
　　　　　　　龙美华（岳阳市湘北女子职业学校）　　石　慧（南昌航空大学）
　　　　　　　付砚然（湖北襄阳汽车职业技术学院，原海南航空公司乘务员）
　　　　　　　朱茫茫（潍坊职业学院）　　　　　　　田　宇（沈阳航空航天大学）
　　　　　　　刘　洋（濮阳工学院）　　　　　　　　刘　超（华侨大学）
　　　　　　　许　赞（南京旅游职业学院）　　　　　刘　舒（江西青年职业学院）
　　　　　　　杨志慧（长沙航空职业技术学院）　　　吴立杰（沈阳航空航天大学）
　　　　　　　李长亮（张家界航空工业职业技术学院）　杨　莲（马鞍山职业技术学院）
　　　　　　　李雯艳（沈阳师范大学）　　　　　　　李芙蓉（长沙航空职业技术学院）
　　　　　　　李　仟（天津中德应用技术大学，原中国南方航空公司乘务员）
　　　　　　　李霈雨（原中国国际航空公司乘务员）　李　姝（沈阳师范大学）
　　　　　　　邹　昊（南昌航空大学）　　　　　　　狄　娟（上海民航职业技术学院）
　　　　　　　宋晓宇（湖南艺术职业学院）　　　　　邹　莎（湖南信息学院）
　　　　　　　张　进（三峡旅游职业技术学院）　　　张　驰（沈阳航空航天大学）
　　　　　　　张　琳（北京中航未来科技集团有限公司）　张　利（北京中航未来科技集团有限公司）
　　　　　　　张媛媛（山东信息职业技术学院）　　　张程垚（湖南民族职业学院）
　　　　　　　陈烜华（上海民航职业技术学院）　　　陈　卓（长沙航空职业技术学院）
　　　　　　　周佳楠（上海应用技术大学）　　　　　金　恒（西安航空职业技术学院）
　　　　　　　郑菲菲（南京旅游职业学院）　　　　　周茗慧（山东外事翻译职业学院）
　　　　　　　胥佳明（大连海事大学）　　　　　　　赵红倩（上饶职业技术学院）
　　　　　　　柳　武（湖南流通创软科技有限公司）　胡　妮（南昌航空大学）
　　　　　　　柴　郁（江西航空职业技术学院）　　　钟　科（长沙航空职业技术学院）
　　　　　　　唐　珉（桂林航天工业学院）　　　　　倪欣雨（斯里兰卡航空公司空中翻译，原印度尼西亚鹰航乘务员）
　　　　　　　高　青（山西旅游职业学院）　　　　　高　熔（原沈阳航空航天大学继续教育学院）
　　　　　　　郭雅萌（江西青年职业学院）　　　　　高　琳（济宁职业技术学院）
　　　　　　　黄　晨（天津交通职业学院）　　　　　黄春新（沈阳航空航天大学）
　　　　　　　黄紫葳（抚州职业技术学院）　　　　　黄婵芸（原中国东方航空公司乘务员）
　　　　　　　崔祥建（沈阳航空航天大学）　　　　　曹璐璐（中原工学院）
　　　　　　　梁向兵（上海民航职业技术学院）　　　崔　媛（张家界航空工业职业技术学院）
　　　　　　　彭志雄（湖南艺术职业学院）　　　　　梁　燕（郴州技师学院）
　　　　　　　操小霞（重庆财经职业学院）　　　　　蒋焕新（长沙航空职业技术学院）
　　　　　　　庞　敏（上海民航职业技术学院）　　　李艳伟（沈阳航空航天大学）
　　　　　　　史秋实（中国成人教育协会航空服务教育培训专业委员会）

出 版 说 明

随着经济的稳步发展,我国已经进入经济新常态的阶段,特别是党的十九大报告指出,我国社会主要矛盾已经转化为人民日益增长的美好生活需要和不平衡不充分的发展之间的矛盾,这客观上要求社会服务系统要完善升级。作为公共交通运输的主要组成部分,民航运输在满足人们对美好生活的追求和促进国民经济发展中扮演着重要的角色,具有广阔的发展空间。特别是"十三五"期间,国家高度重视民航业的发展,将民航业作为推动我国经济社会发展的重要战略产业,预示着我国民航业将会有更好、更快的发展。从国产化飞机 C919 的试飞,到宽体飞机规划的出台,以及民航发展战略的实施,标志着我国民航业已经步入崭新的发展阶段,这一阶段的特点是以人才为核心,而这一发展模式必将进一步对民航人才质量提出更高的要求。面对民航业发展对人才培养提出的挑战,培养服务于民航业发展的高质量人才,不仅需要转变人才培养观念,创新教育模式,更需要加强人才培养过程中基本环节的建设,而教材建设就是其首要的任务。

我国民航服务专业的学历教育,经过 18 年的探索与发展,其在办学水平、办学结构、办学规模、办学条件和师资队伍等方面都发生了巨大的变化,专业建设水平稳步提高,适应民航发展的人才培养体系初步形成。但我们应该清醒地看到,目前我国民航服务类专业的人才培养仍存在着诸多问题,特别是专业人才培养质量仍不能适应民航发展对人才的需求,人才培养的规模与高质量人才短缺的矛盾仍很突出。而目前相关专业教材的开发还处于探索阶段,缺乏系统性与规范性。已出版的民航服务类专业教材,在吸收民航服务类专业研究成果方面做出了有益的尝试,涌现出不同层次的系列教材,推动了民航服务的专业建设与人才培养,但从总体来看,民航服务类教材的建设仍落后于民航业对专业人才培养的实践要求,教材建设已成为相关人才培养的瓶颈。这就需要我们以引领和服务专业发展为宗旨,系统总结民航服务实践经验与教学研究成果,开发全面反映民航服务职业特点、符合人才培养规律和满足教学需要的系统性专业教材,积极有效地推进民航服务专业人才的培养工作。

基于上述思考,编委会经过两年多的实际调研与反复论证,在广泛征询民航业内专家的意见与建议、总结我国民航服务类专业教育的研究成果后,结合我国民航服务业的发展趋势,致力于编写出一套系统的、具有一定权威性和实用性的民航服务类系列教材,为推进我国民航服务人才的培养尽微薄之力。

本系列教材由沈阳航空航天大学、南昌航空大学、郑州航空工业管理学院、上海民航职业技术学院、长沙航空职业技术学院、西安航空职业技术学院、中原工学院、上海外国语大学、山东大学、大连外国语大学、沈阳师范大学、曲阜师范大学、湖南艺术职业学院、陕西师范大学、兰州大学、云南大学、四川大学、湖南民族职业学院、江西青年职业学院、天津交通职业学院、潍坊职业学院、南京旅游职业学院等多所高校的众多资深专家和学者共同打造，还邀请了多名原中国东方航空公司、原中国南方航空公司、原中国国际航空公司和原海南航空公司中从事多年乘务工作的乘务长和乘务员参与教材的编写。

目前，我国民航服务类的专业教育呈现着多元化、多层次的办学格局，各类学校的办学模式也呈现出个性化的特点，在人才培养体系、课程设置以及课程内容等方面，各学校之间存在着一定的差异，对教材也有不同的需求。为了能够更好地满足不同办学层次、教学模式对教材的需要，本套教材主要突出以下特点。

第一，兼顾本、专科不同培养层次的教学需要。鉴于近些年我国本科层次民航服务专业办学规模的不断扩大，在教材需求方面显得十分迫切，同时，专科层面的办学已经到了规模化的阶段，完善与更新教材体系和内容迫在眉睫，本套教材充分考虑了各类办学层次的需要，本着"求同存异、个性单列、内容升级"的原则，通过教材体系的科学架构和教材内容的层次化，达到兼顾民航服务类本、专科不同层次教学之需要。

第二，将最新实践经验和专业研究成果融入教材。服务类人才培养是系统性问题，具有很强的内在规定性，民航服务的实践经验和专业建设成果是教材的基础，本套教材以丰富理论、培养技能为主，力求夯实服务基础，培养服务职业素质，将实践层面行之有效的经验与民航服务类人才培养规律的研究成果有效融合，以提高教材对人才培养的有效性。

第三，落实素质教育理念，注重服务人才培养。习近平总书记在党的十九大报告中强调，"要全面贯彻党的教育方针，落实立德树人根本任务，发展素质教育，推进教育公平，培养德智体美全面发展的社会主义建设者和接班人"，人才以德为先，以社会主义价值观铸就人的灵魂，才能使人才担当重任，这也是高校人才培养的基本任务。教育实践表明，素质是人才培养的基础，也是人才职业发展的基石，人才的能力与技能附着于精神与灵魂，但在传统的民航服务教材体系中，包含素质教育板块的教材较为少见。根据党的教育方针，本套教材的编写考虑到素质教育与专业能力培养的关系，以及素质对职业生涯的潜在影响，首次在我国民航服务专业教学中提出专业教育与人文素质并重、素质决定能力的培养理念，以独特的视野，精心打造素质教育教材板块，使教材体系更加系统，强化了教材特色。

第四，必要的服务理论与专业能力培养并重。调研分析表明，忽视服务理论与人文素质所培养出的人才很难有宽阔的职业胸怀与职业精神，其未来的职业生涯发展就会乏力。因此，教材不应仅是对单纯技能的阐述与训练指导，更应该在不淡化专业能力培养的同时，强化行业知识、职业情感、服务机理、职业道德等关系到职业发展潜力的要素的培养，以期培养出高层次和高质量的民航服务人才。

第五，架构适合未来发展需要的课程体系与内容。民航服务具有很强的国际化特点，而我国民航服务的思想、模式与方法也正处于不断创新的阶段，紧紧把握未来民航服务的发展趋势，提出面向未来的解决问题的方案，是本套教材的基本出发点和应该承担的责任。我们力图将未来民航服务的发展趋势、服务思想、服务模式创新、服务理论体系以及服务管理等内容重新进行架构，以期能对我国民航服务人才培养，乃至整个民航服务业的发展起到引领作用。

第六，扩大教材的种类，使教材的选择更加宽泛。鉴于我国目前尚缺乏民航服务专业更高层次办学模式的规范，各学校的人才培养方案各具特点，差异明显，为了使教材更适用于办学的需要，本套教材打破了传统教材的格局，通过课程分割、内容优化和课外外延化等方式，增加了教材体系的课程覆盖面，使不同办学层次、关联专业可以通过教材合理组合，以获得完整的专业教材选择机会。

本套教材规划出版品种大约为四十种，分为：① 人文素养类教材，包括《大学语文》《应用文写作》《艺术素养》《跨文化沟通》《民航职业修养》《中国传统文化》等。② 语言类教材，包括《民航客舱服务英语教程》《民航客舱实用英语口语教程》《民航实用英语听力教程》《民航播音训练》《机上广播英语》《民航服务沟通技巧》等。③ 专业类教材，包括《民航概论》《民航服务概论》《中国民航常飞客源国概况》《民航危险品运输》《客舱安全管理与应急处置》《民航安全检查技术》《民航服务心理学》《航空运输地理》《民航服务法律实务与案例教程》等。④ 职业形象类教材，包括《空乘人员形体与仪态》《空乘人员职业形象设计与化妆》《民航体能训练》等。⑤ 专业特色类教材，包括《民航服务手语训练》《空乘服务专业导论》《空乘人员求职应聘面试指南》《民航面试英语教程》等。

为了开发职业能力，编者联合有关 VR 开发公司开发了一些与教材配套的手机移动端 VR 互动资源，学生可以利用这些资源体验真实场景。

本套教材是迄今为止民航服务类专业较为完整的教材系列之一，希望能借此为我国民航服务人才的培养，乃至我国民航服务水平的提高贡献力量。民航发展方兴未艾，民航教育任重道远，为民航服务事业发展培养高质量的人才是各类人才培养部门的共同责任，相信集民航教育的业内学者、专家之共同智慧，凝聚有识之士心血的这套教材的出版，对加速我国民航服务专业建设、完善人才培养模式、优化课程体系、丰富教学内容，以及加强师资队伍建设能起到一定的推动作用。在教材使用的过程中，我们真诚地希望听到业内专家、学者批评的声音，收到广大师生的反馈意见，以利于进一步提高教材的水平。

丛 书 序

《礼记·学记》曰:"古之王者,建国君民,教学为先。"教育是兴国安邦之本,决定着人类的今天,也决定着人类的未来。企业发展也大同小异,重视人才是企业的成功之道,别无二选。航空经济是现代经济发展的新趋势,是当今世界经济发展的新引擎。民航是经济全球化的主流形态和主导模式,是区域经济发展和产业升级的驱动力。发展中的中国民航业有巨大的发展潜力,其发展战略的实施必将成为我国未来经济发展的增长点。

"十三五"正值实现我国民航强国战略构想的关键时期,"一带一路"倡议方兴未艾,"空中丝路"越来越宽阔。高速发展的民航运输业需要持续的创新与变革,同时,基于民航运输对安全性和规范性要求比较高的特点,其对人才有着近乎苛刻的要求,只有人才培养先行,夯实人才基础,才能抓住国家战略转型与产业升级的巨大机遇,实现民航运输发展的战略目标。我国民航服务人才发展经过多年的积累,建立了较为完善的民航服务人才培养体系,培养了大量服务民航发展的各类人才,保证了我国民航运输业的高速持续发展。与此同时,我国民航人才培养正面临新的挑战,既要通过教育创新提升人才品质,又需要人才培养过程精细化,把人才培养目标落实到人才培养的过程中,而教材作为专业人才培养的基础,需要先行,以发挥引领作用。教材建设发挥的作用并不局限于专业教育本身,其对行业发展的引领,专业人才培养方向的把握,人才素质、知识、能力结构的塑造以及职业发展潜力的培养具有不可替代的作用。

我国民航运输发展的实践表明,人才培养决定着民航发展的水平,而民航人才的培养需要社会各方面的共同努力。我们惊喜地看到,清华大学出版社秉承"自强不息,厚德载物"的人文精神,发挥品牌优势,投身于民航服务专业系列教材的开发,改变了民航服务教材研发的格局,体现了其对社会责任的担当。

本套教材组织严谨,精心策划,高屋建瓴,深入浅出,具有突出的特色。第一,从民航服务人才培养的全局出发,关注了民航服务产业的未来发展趋势,架构了以培养目标为导向的教材体系与内容结构,比较全面地反映了服务人才培养趋势,起到了良好的统领作用;第二,使教材的本质——适用性得到了回归,体现在每本教材均有独特的视角和编写立意,既有高度的提升、理论的升华,也注重教育要素在课程体系中的细化,具有较强的可用性;第三,引入了职业素质教育的理念,补齐了服务人才素质教育缺少教材的短板,可谓对传统服务人才培养理念的一次冲击;第四,教材编写人员参与面非常广泛,这反映出本套教材充分体现了当今民航服务专业教育的教学成果和编写者的思考,形成了相互交流的良性机制,势必会对全国民航服务类专业的发展起到推动作用。

教材建设是专业人才培养的基础,其与教材服务的行业的发展交互作用,共同实现人才培养—社会检验的良性循环,是助推民航服务人才培养的动力。希望这套教材能够在民航服务类专业人才培养的实践中,发挥更积极的作用。相信通过不断总结与完善,这套教材一定会成为具有自身特色的、适应我国民航业发展要求并深受读者喜欢的规范教材。

原海南航空公司总裁、原中国货运航空公司总裁、原上海航空公司总裁

朱益民

2017年9月

前　言

随着航空业市场竞争的加剧，航空公司对服务水平的要求越来越高。空乘人员是直接接触乘客的群体，是航空公司对外服务的窗口，甚至代表国家和民族的形象，因此，无论是航空公司还是服务对象，对空乘人员职业素质的要求都越来越高。在服务过程中，空乘人员所呈现出来的姿态是构成个人外在美好及内在涵养的主要因素，也是表达思想感情的一种方式，其向乘客传递的信息内容，远远超过了用语言所表达的内容，良好的形体仪态是为乘客提供更加优质、高效的服务的保障和体现。系统的形象美、形体美、仪态美的训练是空乘从业人员最重要也是最基本的训练内容。

目前，空乘专业各级各类教材中，涉及形体训练的比较多，仪态塑造的比较少，且大多与形体训练及礼仪养成等内容混淆而谈。本书编者立足空乘职业需求，总结多年积累的教学经验，以美学和生理学理论为基础，深入分析形体与仪态之间的关系并将二者系统、科学地结合，以期使教授此类课程的教师的教学目的更加明确、思路更加清晰，使学生的学习重点更加突出、效果更加显著。

本书分为形体篇、仪态篇和实训篇三部分，共九章，由基本理论概念的建立到实操训练明细，理论与实践相辅相成，图文并茂。教学中教师可以引导学生通过"自我认知＋对照标准＋实操训练＋常见纠错＋习惯养成"五个方面的学习，逐步帮助学生塑造良好的形体、培养正确的仪态，为其良好的气质修养及优雅的职业礼仪打下坚实基础。

本书由中原工学院教授杨静、中原工学院信息商务学院副教授郑大莉、郑州航空工业管理学院副教授王焱源、中原工学院讲师秦洪、中原工学院信息商务学院讲师焦于歌、南昌航空大学讲师郑绚、重庆公共运输职业学院讲师熊慧茹联合编写，杨静任主编。具体编写分工如下：第一章、第三章、第五章、第六章由杨静、郑大莉、焦于歌编写；第二章由王焱源、郑绚编写；第四章由秦洪、熊慧茹编写；第七章、第八章、第九章由以上各位老师共同编写。

在本书的编写过程中，编者们各自找了本校的学生们承担本书动作的示范及拍摄工作，他们是钱奕成、陈继文、马琪玥、王雅琦、杨睿童、鲁闽、龚玉萍、靳若雪、徐梦寒、李晨婉、付怡琼、黄迪、邰晓龙、王浩、谢铭洋、王琦，在此对他们表示感谢。同时，在写作过程中，本书参考借鉴了许多教材、论文等文献资料，在此向这些文献的作者一并致谢。

由于编者水平有限，书中难免有不足之处，敬请广大读者批评指正。

编　者

CONTENTS 目录

形 体 篇

第一章 形体概述 2

第一节 形体及基本素质 2
 一、形体与形体美 2
 二、影响形体美的因素 3
 三、形体基本素质的内容 3

第二节 形体与形体训练 3
 一、形体训练的含义 4
 二、形体训练的内容 4
 三、形体训练的特点 4
 四、形体与形体训练的关系 5

第三节 形体与仪态 5
 一、仪态与仪态美 5
 二、形体与仪态美 6

第四节 形体与形象 7
 一、形象的含义 7
 二、形象的类型 7
 三、形体与形象的关系 8

思考与练习 8

第二章 形体美 ... 9

第一节 形体、形态评价 ... 9
一、形体的含义 ... 9
二、形态的含义 ... 9
三、形体、形态美的成因 ... 10
四、形体、形态评价差异的形成与发展 ... 10

第二节 形体美的标准 ... 11
一、体育美学视域下形体美的标准 ... 12
二、广义形体美的观测指标及标准 ... 12
三、形体测量的内容和方法 ... 15

第三节 影响形体美的因素 ... 21
一、骨骼和肌肉 ... 21
二、皮肤 ... 21
三、服饰与发型 ... 21
四、营养和心理素质 ... 22
五、运动能力 ... 22

第四节 空乘人员职业形体与形象 ... 22
一、空乘人员角色认知 ... 22
二、空乘人员的基本素质 ... 23
三、空乘人员形体与形象的要求 ... 24

第五节 空乘人员形体训练的营养与健康 ... 26
一、营养与健康概述 ... 27
二、形体训练中的营养与健康 ... 27

思考与练习 ... 31

第三章 形体训练 ... 32

第一节 形体训练概述 ... 32

一、形体训练的内容··32

　　二、形体训练的分类··33

第二节　形体训练的原则··34

　　一、全面性原则··34

　　二、持续性原则··34

　　三、实事求是原则··35

　　四、循序渐进原则··35

第三节　芭蕾基础训练··35

　　一、芭蕾基训的内容··35

　　二、芭蕾基训的功能··36

　　三、芭蕾基训的两个阶段··37

第四节　形体基本训练··38

　　一、形体基本部位的训练··38

　　二、形体训练的作用··39

　　三、形体训练的方法··40

第五节　空乘人员形体训练··42

　　一、形体训练对空乘人员的作用··42

　　二、空乘人员形体训练的内容··42

思考与练习··43

仪　态　篇

第四章　仪态美··46

第一节　仪态美概述··46

　　一、仪态美的含义··46

　　二、仪态美的构成··47

第二节　仪态美的内容··47

　　一、仪表美··47

二、仪姿美 ······ 49
　　三、修养美 ······ 50
　第三节　空乘人员的仪态美 ······ 51
　　一、空乘人员的仪态要求 ······ 51
　　二、空乘人员常见的对仪态美认识的误区 ······ 52
　　三、空乘人员仪态美的养成 ······ 53
　思考与练习 ······ 56

第五章　仪态的塑造 ······ 57

　第一节　仪态美的标准 ······ 57
　　一、仪态和仪态美 ······ 57
　　二、仪态美的误区 ······ 58
　　三、空乘人员优美的仪态动作和仪态规范 ······ 59
　第二节　空乘人员仪态的塑造 ······ 64
　　一、空乘人员亲和力训练 ······ 64
　　二、空乘人员情景中的走姿训练 ······ 66
　　三、空乘人员情景中的坐姿训练 ······ 66
　　四、空乘人员情景中的站姿训练 ······ 66
　　五、空乘人员情景中的鞠躬训练 ······ 67
　　六、空乘人员情景中的引导手势训练 ······ 67
　　七、空乘人员情景中的蹲姿训练 ······ 67
　　八、空乘人员其他仪态训练 ······ 67
　思考与练习 ······ 68

第六章　空乘人员常见不良仪态及危害 ······ 69

　第一节　不良形体 ······ 69
　　一、脊柱侧弯 ······ 69
　　二、"O"型腿 ······ 70

三、"X"型腿 70

　　四、内、外八字脚 71

　　五、下蹲困难 72

第二节　不良仪态 72

　　一、上交叉综合征（头位不正、头颈部前伸、含胸驼背） 72

　　二、高低肩 73

　　三、塌腰 73

　　四、松髋 74

第三节　不良习惯 74

　　一、眼神不固定 74

　　二、微笑或讲话时嘴角歪斜 74

　　三、抖腿 74

第四节　不良心理 74

　　一、傲慢 75

　　二、自卑 75

　　三、内向 75

　　四、冷漠 75

思考与练习 75

实训篇

第七章　芭蕾 78

第一节　扶把部分 78

　　一、扶把基本站姿及芭蕾脚位练习 78

　　二、擦地练习 79

　　三、蹲练习 80

　　四、小踢腿练习 81

　　五、划圈练习 82

六、控制练习 ·· 83

　　七、踢腿练习 ·· 84

第二节　中间部分 ·· 84

　　一、手位练习 ·· 84

　　二、小跳练习 ·· 85

　　三、行进步伐练习 ··· 86

　　四、重心与舞姿练习 ··· 86

第八章　形体 ·· 88

第一节　身体各部位形态训练及方法 ··· 88

　　一、上肢部位力量训练与柔韧性练习 ··· 88

　　二、胸部力量训练与柔韧性练习 ·· 90

　　三、腰腹部位力量训练与柔韧性练习 ··· 91

　　四、臀部力量训练与柔韧性练习 ·· 94

　　五、下肢部位力量训练与柔韧性练习 ··· 95

第二节　形体美综合训练及方法 ·· 98

　　一、古典舞身韵组合 ··· 98

　　二、中国民族民间舞蹈组合 ·· 103

　　三、健美操 ·· 114

　　四、瑜伽 ·· 141

　　五、普拉提 ·· 148

第三节　空乘人员塑形训练及方法 ·· 150

　　一、形体缺陷 ··· 150

　　二、训练和矫正方法 ·· 152

第九章　仪态 ·· 155

第一节　仪态美的塑造 ·· 155

　　一、站姿 ·· 155

二、坐姿 ……………………………………………………………………… 155

　　三、走姿 ……………………………………………………………………… 155

　　四、蹲姿 ……………………………………………………………………… 156

　　五、手势 ……………………………………………………………………… 156

　　六、目光与微笑 ……………………………………………………………… 156

　　七、鞠躬致意 ………………………………………………………………… 157

第二节　空乘人员服务仪态及训练 ………………………………………………… 157

　　一、空乘人员常用服务仪态训练 …………………………………………… 157

　　二、空乘人员客舱服务仪态训练 …………………………………………… 158

第三节　空乘人员不良仪态纠错训练 ……………………………………………… 159

　　一、眼神不固定 ……………………………………………………………… 160

　　二、微笑或嘴角倾斜 ………………………………………………………… 160

　　三、抖腿 ……………………………………………………………………… 160

第四节　空乘人员不良心理纠错训练 ……………………………………………… 161

　　一、傲慢 ……………………………………………………………………… 161

　　二、自卑 ……………………………………………………………………… 161

　　三、内向 ……………………………………………………………………… 161

　　四、冷漠 ……………………………………………………………………… 162

参考文献 …………………………………………………………………………… 163

附录 A　国内外乘务员招聘标准 ………………………………………………… 164

形体篇

第一章 形体概述

 课前导读

"爱美之心，人皆有之。"这句话体现了人们对美的追求。美的旋律、美的色彩、美的形体、美的形象都能给人带去一种愉悦和美的享受。"环肥燕瘦"这个词体现了人们对形体美的要求各不相同，并且随着时代一直在发生变化。能够体现个人气质与风度的形体、仪态和形象才是最美的，这就要求我们能够懂得美，塑造美，展示美。

 学习目标

1. 了解形体的基本概念及影响形体美的因素。
2. 了解形体、仪态、形象之间的相互关系。
3. 了解形体训练的基本知识。

第一节 形体及基本素质

"人体是了不起的艺术品。"西方的艺术家曾这样形容。为了追求美，人们会按照自己理想中的标尺来塑造自身。塑造更好的形体不仅需要依靠科学系统的训练方法，还要有一定理论知识的补充。

一、形体与形体美

形体是人在先天遗传产生变异和后天获得的基础上，所表现出来的身体形态上的相对稳定的特征，它包括人的表情、姿态和体型，是人的外在形象的总和。将人的外在形象看作审美对象所呈现出的表情、姿态和体型的美就是形体美。形体美主要包括形态美、气质美和姿态美三个方面，外在的形体美可以通过后期的身体训练和内在修养的培养来实现。

随着现代商品经济和社会文明的繁荣发展，人们越来越离不开美的追求，生活上的丰裕和情感世界的稳定激励人们追求自身的形体和形态上的美，人们对自身形体美的追求已经成为一种时尚的生活方式。外在的形体美不仅能够增强人们的自信心，还有助于提升人们在职场上的竞争力，这些有利因素成为其追求自身形体美的真正动机。而了解形体美的影响因素，能够使人们有针对性地纠正自身形体缺陷，从而更加有效地实现自身的形体美。

二、影响形体美的因素

影响形体美的因素主要有以下两方面。

（一）个人因素

个人因素主要是指先天性的遗传因素以及后天的生理和心理因素。先天性的遗传因素是个人无法决定的，例如，身高、体重以及其他外貌特征；后天的生理和心理因素绝大部分取决于个人的主观意识，例如，个人的站姿、坐姿、走姿和蹲姿等举止行为是否端庄典雅。

（二）社会因素

社会因素是指社会针对形体美的塑造而开展的体育锻炼以及社会对形体美标准的要求。虽然人们对形体美的追求日益强烈，社会也呈现出良好的全面塑身的局面，但是现代人们的生活节奏快，用来参加社会性身体锻炼的时间越来越少，这种矛盾的出现影响了人们形体美的发展和完善。

同时，社会上制定的形体美的标准也影响着形体美，主要体现在对女性形体美的要求上。现代人们对女性形体美的定义是高、瘦、美，但是这种标准往往会催生一种病态的美感。毫无疑问，健康才是形体美的基础条件，没有健康的身体只能空谈对形体美的追求。目前针对形体美存在一些错误认知，例如，以瘦为美、重瘦身不重塑身、轻视姿态的协调美等，这些错误认知容易导致人们在追求形体美的过程中走入误区，结果不仅不利于形体美的塑造，还威胁到个人的身心健康。

通过了解形体美的影响因素以及对形体美的错误认知，可以帮助人们更好地塑造形体美，强健体魄，促进自身的全面发展。

三、形体基本素质的内容

形体基本素质主要包括力量、柔韧性、人体的协调性、灵敏度、耐力以及控制力，要通过加强形体素质训练来完善形体基本素质，这样才能实现塑造形体美的目的。

形体素质训练是指在人的基础发育之上，对需要纠正的身体或者局部开展科学系统的训练，如针对人的肩、胸、腰、腹和腿等部位进行局部的强化训练，加强腿部的支撑力和各个部位的力量，塑造个人的良好形体和仪态，改善形体的控制力以及柔韧性。

第二节　形体与形体训练

形体与形体训练具有因果关系，是相互依附的。大家对形体训练的认识大多局限在训练的方法上，但形体训练的含义、内容、特征等方面都有美的体现，故而形体训练也称为形体美的训练。

一、形体训练的含义

形体训练具有广义和狭义之分。狭义的形体训练是指形体美训练,而广义的形体训练是指各种形式的形体动作练习,例如,服务行业工作人员的迎宾和礼仪姿态等。如今人们普遍将形体训练看作是形体美训练,即根据系统的人体科学理论采取一系列形式的身体训练,强身健体,塑造身形,陶冶性情,从而达到塑造自身体态美的最终目的。

二、形体训练的内容

形体训练主要包括形体素质训练、身体形态训练和形体综合训练三个方面。形体素质训练是指采取有针对性的训练方法来影响个人形体的力量、柔韧性、控制力、协调性、灵活度和耐力。身体形态训练是指通过大量的身体训练动作,包括徒手训练、把杆训练、地面训练等,纠正个人原始身体形态,培养正确的坐姿、站姿、走姿和行为举止,塑造良好的体态。形体综合训练是指通过健美操、韵律操和舞蹈舞步等多种形式训练,增强个人节奏感和形体表达能力,陶冶情操,塑造形态美。

三、形体训练的特点

形体训练主要有以下三个特点。

(一)计划性

形体训练是一个有组织有计划的教育过程,是以塑造形体美感的身体训练为主要特征的一门科学。形体训练的内容多以人体科学理论为基础,采取系统严格的形体控制训练和符合人体运动自然规律的身体形态训练两种形式,进行周期性的静力训练和控制形体训练。

(二)艺术性

形体训练的艺术性主要表现在形体训练内容的多姿多彩、形体美表达形式的花样繁多、体形姿态的优雅匀称和集体队形的艺术美感等。形体训练中多配有音乐伴奏,通过形体训练不仅能够提高音乐修养,还能塑造个人的艺术气质。

形体训练是培养现代礼仪的主要手段。形体训练是以体型匀称、举止优雅、精神饱满、肌肉丰满等为基础进行动作训练,是外塑个人形象的主要途径,同时,形体训练作为礼仪修养中美学素养的主要内容,是培养现代礼仪的重要手段。礼仪与形体训练相结合,才能实现集个人优美的仪态仪表和道德情操于一身的目标,才能增强个人对仪表美、仪态美、言谈美的鉴赏力和创造力。

（三）针对性

形体训练适合不同层次的练习者，形体训练的内容具有较强的针对性，其制定的依据是练习者不同的身体条件和不同的心理特点，要充分考虑练习者的实际身体素质，制定出高、中、低不同程度的动作训练。

四、形体与形体训练的关系

形体与形体训练是因果关系，不良的形体特征是形体训练得以产生和发展的前提条件，形体训练依附于形体，没有形体作为物质基础，就谈不上形体训练。相反，形体训练是塑造良好形体的手段。形体训练的主要目的是培养健康美，通过动作训练、姿态训练以及把杆训练来纠正个人不良的身体形态，以此达到增强身体素质、塑造个人外在优美形体和优雅仪态的目的。形体训练的生理价值主要有：纠正错误的站、立、走、坐等基本姿态；改善和提高神经系统以及心血管系统的功能；塑造良好的骨骼形态、纠正"O"型腿和驼背；等等。通过形体训练能增强身体的协调性，从而实现个人的形体美。

第三节　形体与仪态

仪态是构成一个人美好的品格、良好的素质、较高的修养的外在因素，是一种内涵极其丰富的体态语，是人体无声语言的固化形式，其作用不亚于有声语言。

一、仪态与仪态美

仪态是指人的一系列姿态、动作和举止的总和，是一个人在言行举止中表现出来的优雅生动的仪容姿态，它既是容貌气质的体现，也是一种优美的形体语言。仪态主要包括优雅得体的行为举止、成熟稳重的处事交际以及坦然自若的表情神态，它潜移默化地表达着个人的内在修养和品质。仪态具有典型的差异化，其表现为不同国家的不同民族和不同阶层的不同群体都有不一样的仪态标准和要求，例如，西方国家贵族群体讲究绅士礼仪风度，宗教教徒则讲究有宗教性质的仪态。

中国具有五千年的文明史，有"礼仪之邦"的美誉，中国人民在历史发展的过程中形成了典型的谦逊礼貌的仪态。如今的社会主义社会更要求每一个公民讲礼貌、讲文明，追求自我的仪态美。仪态美是指个人的姿态、动作和举止所呈现出的美感，也就是动作之美。仪态美是优雅得体的行为举止以及丰富多彩的面部表情的统一体，其主要包括仪容美、形体美和修饰美三个方面：仪容美指的是人的外貌特征，是仪态美中最直观和最外在的部分；形体美是指人的整体体态所呈现出的一种人格美，包括外在美和内在美两个方面，是仪态美的前提条件和物质基础；修饰美是在仪容美和形体美的基础上加以装饰而获得的，得体的服装、配饰和端庄的行为举止是仪态美的重要组成部分。

个人追求自身仪态美时，不仅需要利用适当的服装和配饰来装扮自己以及锻炼身体获得优美的身形，还需要注重自身的内在修养，培养优良的道德品质，丰富自身的文化素养，做到外在美和内在美相统一，集仪容美、形体美和修饰美于一身。而且相比外在的仪态美，内在的修养和学识更为重要。如果一个人拥有姣好的面容和优美的身形，但是缺乏内在的修养和学识，行为举止不端正、不雅观，那么这个人就不具有仪态美。

如图1-1所示，人们对一个人良好的整体印象55%来自于外在美，包括面容、身形以及服装、配饰等，而38%来自于言行举止和面部表情，剩下的7%来自于内在的修养。因此，仪态美的形成既要注重个人的外在形象、言行举止，同时还要注重内在修养的提升，这样才能给人以整体美的印象。

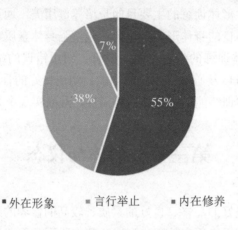

图1-1　个人整体美比例

二、形体与仪态美

形体和仪态美既相互联系又有区别。形体美是仪态美的前提条件和物质基础，没有形体美就不会有仪态美。现代的人们由于错误的生活方式和工作方式，导致很多人的形体缺乏美感，例如，驼背塌腰、大肚子、"梨"型身材，等等，这些不良的姿态不仅影响一个人的形体美和精神面貌的呈现，还有损身体健康。要想培养良好的姿态，就需要身体各个部位相互协调，可以采取形体训练的方式，针对站姿、走姿、坐姿和蹲姿等动作进行训练，从而塑造健康的身形和优雅端庄的行为举止，塑造个人的优美姿态，而姿态美是仪态美的完美体现。

因此，形体是仪态美的前提条件和物质基础，一个人只有具备良好的形体美，才能在很大程度上呈现出自身的仪态美，如图1-2所示。仪态美包括形体美、仪容美和修饰美，一个人的仪态美是集形体美、仪容美和修饰美于一体的综合的动态美，三者相互作用，缺一不可；个人追求仪态美的时候，既要根据审美标准塑造身形和外貌，还要加强自身的内在修养，而后者的重要性往往被很多人所忽略。

图1-2 空乘人员的仪态美

第四节 形体与形象

形象有文学形象,也有心理形象,本书所讲的形象主要是从心理学的角度来阐述的。

一、形象的含义

形象指能引起人的思想或感情活动的具体形态或姿态。形象在文学理论中指语言形象,亦称文学形象。在心理学视域下,形象是指人们通过视觉、听觉、触觉、嗅觉、味觉等各种感觉在大脑中形成的关于某人或某事物的整体印象,简言之是知觉,即各种感觉的再现。形象具有明显的主观性,主要体现在形象不能完全代表事物本身,而是人们凭借各种感官对事物呈现出的各种形象感知,所以对形象的认识没有对错之分。形象不是抽象的,是有衡量标准并可逐项检查的,也是可以改善的。

二、形象的类型

人的意识具有主观能动性,不同的人对同一事物的感知会受到个人价值观的影响,同时,不同的形象感知也会对人的行为产生不同的影响。现实生活中存在多种类型的形象,主要包括以下几种。

(1)个性前卫型风格。该形象的鲜明特征是标新立异,追求时髦潮流,多穿着前卫的服装,搭配个性的配饰和抢眼的发型、发色。这类形象很容易吸引眼球,目的在于追求自我。

(2)戏剧艳丽型风格。该形象多以鲜艳亮丽为主,喜好艳丽的配色,具有较强的色彩冲击力。

(3)随意少年型风格。该形象以休闲、青春系列为主,朝气蓬勃,传递正能量。

(4)自然朴实型风格。该形象以崇尚亲近自然的生活方式为主,着装简洁朴素,喜欢淡淡的大地色。

（5）优雅浪漫风格。该形象注重细节上的精致和典雅，追求身形的曲线美，配饰和着装多以复古典雅为主，彰显女性的独特魅力和气质。

（6）复古典雅风格。追求典雅美，这类形象的人群普遍具有深厚的文化底蕴，服饰上追求精细的做工和高贵的品质。

（7）青春少女风格。该形象具有鲜明的少女气息，可爱活泼，服饰上追求少女感，如蝴蝶结和碎花。

不同类型的形象体现出人的意识和认知过程具有主观能动性，具有不同价值观念和审美水平的人们对特定事物会形成不同的感知和知觉，从而影响个人行为的产生和运作。

三、形体与形象的关系

人与人初次接触对彼此印象的好坏，大部分来自于对彼此外在形象的感知。人的外在形象包括人的形体、妆容、服饰和仪态等。形象包含形体，形体是否具有美感是形象好坏的基础，直接影响着形象的好坏。影响形体美感的因素有很多，例如，身高、体重、体型、发色、发质、眉型、脸型等。这些差异反映在观察者的感官中，就形成了不同的印象。

当人们评判一个人的形象好坏时，首先是根据这个人的外在美进行感知和判断，外在美带给他人什么样的印象，这个人就会被贴上哪种形象的标签，外在美的印象具有最直观和最生动的特点。换句话说就是，一个人若具有良好的形体美，他人会在顷刻间给予其形象美的评价和赞扬，所以，形体美是良好形象的前提条件和基础。

当然，一个人的良好形象不能只凭外在美来决定，如今人们越来越追求外在形体美和内在精神美的统一，良好形象的产生和升华是通过形体、仪态、谈吐和举止共同实现的。虽然通过外在美能够直接评断个人的形象美，但是如果一个人只具有美好的形体或者外貌，而缺乏实质性的内在美，那么这个人就只是一具漂亮的躯壳，没有内涵，而且通常内在美也是潜移默化地由形体和姿态来展现的。所以，总的来说，形体美是良好形象的前提条件和基础，而良好形象的展示能够增强个人的内涵修养以及精神外貌，促进个人的全面发展。插页图1-3为空乘人员的形象。

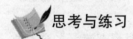

思考与练习

一、问答题

1. 什么是形体及形体训练？

2. 生活中常见的形象的类型有哪些？

二、论述题

简述形体、仪态、形象三者之间的关系。

三、练习题

根据影响形体的几个基本因素，找找自身形体存在的实际问题。

第二章　形　体　美

课前导读

不同时期、不同民族、不同区域、不同阶层、不同职业、不同生活条件下，审美标准有所不同。在第一章中我们了解了形体的基本含义、影响形体美的因素等知识，那么什么样的形体才是标准的？形体美的标准是什么？空乘人员职业要求的美又如何体现呢？本章就以上几个问题进行讨论和阐述。

学习目标

1. 了解形体、形态的含义。
2. 掌握形体美的标准及测量方法。
3. 了解影响形体美的因素。
4. 了解空乘人员的职业定位，掌握与空乘人员职业相关的营养与健康知识。

第一节　形体、形态评价

形体、形态是两个各有侧重的名词。对形体、形态进行评价前，首先要清楚二者的含义。

一、形体的含义

广义的形体是指客观物象存在于空间的外在表现形式。任何事物都有区别于他物的、独特的存在方式。形体可分解为外形和体积，任何复杂的形体都可以分解为几种基本的几何形体。形体及其评价指标以量化的线条为主要标准。

人体的形体美主要包括形态美、气质美和姿态美三个方面。

本书中的形体特指人体的外观体形表现，如头部、躯干、四肢的外在形状，人体皮肤的质地、颜色等。

二、形态的含义

形态是指事物在先天形成的基础上，通过包装、训练、修饰等方式所呈现出来的事物的完整姿态、韵味等。形态的评价指标不仅包含形体评价的基本指标，还体现了事物的时代背景、文化背景、社会价值、社会取向等。

本书中的形态特指人体体态、姿态和综合气质表现，包括容貌、神情特征、肢体语言特征、气质等。人体的形态美主要是指人的容貌美、肤色美、气质美和身材美的综合表现。

形体是形态的基础，形态又是形体的内容之一，二者相互嵌入，不可分割，形成了我们对事物整体表现的综合评价体系。古往今来，人们对人体的形体、形态美存在不同的评价标准。

三、形体、形态美的成因

物象带给人的美感往往是以人对物象的主观需求为依据的。同样，人的某些主观需求的产生也是以人的相应的观念形态为基础的。人在主观上需要哪些物象，该物象的外在形态就会令人产生美的感受。

人们在实践中的主观需求包括充足的生活物品、受人尊重的社会地位、真挚的感情生活、丰富多彩的娱乐生活等。以上主观愿望的实现大多数情况下是通过同伴的协助完成的，为了更好地实现自己的主观愿望，人们必然会优先选择能力出众的人作为伙伴，并在选择具备优秀品质的伙伴的过程中逐渐发现，优秀同伴的各种优秀品质会反映在人体形态的各项特征上。

如体力劳动中，身材高大、体格强壮的人能力出众；冷兵器时代战斗中，形体强悍勇猛的人才能出众。这时，形体高大雄壮、英勇威猛，冷静、智慧的男人就会令同伴产生美感。又如在脑力劳动中，西装革履、文质彬彬的男人会令人产生美感。有些男性的形体和相貌虽不出众，但在事业上取得了巨大的成功，也会受到女性的追捧和仰慕。

上述这种在不同领域、以不同形体特征带给他人的不同的美感，称为形体的才能美。男性形体上的才能美特征，在女性心目中占有重要地位，也是男性自我追求和炫耀的最大资本。男性以其形体的才能美吸引女性，女性则以其容貌、身材、肤色、音色、语调、气味、气质等吸引男性。

人们将自己关于形体的感受用语言的形式表达出来，并在交流过程中进行融合创新，就形成了关于形体美的文化。例如：文化告诉女性，男性身材高大是形体美；文化告诉男性，女性苗条才是美；等等。男性形体美文化主要来自于对男性形体特征所表现出的社会价值的文化总结，所以，男性形体美中的许多形态通常随着先进的生产劳动领域的变迁而变化。而女性形体美文化通常来自于对形体的社会价值的文化总结和创新，如裹小脚、隆乳房、戴耳坠、穿唇环、撑铁箍等都属于人的形体的文化型美感创新。

四、形体、形态评价差异的形成与发展

（一）中外不同历史时期形体、形态美评价的具体差异

常言道："情人眼里出西施。"但实际上，美与不美是由不同国家、不同时代、不同

文化传承、不同经济发展状况综合决定的。下面以女性为例，看看不同历史时期、不同国度、不同文化对女性完美体型的审美变化。

在古埃及时期，女性以五官对称、窄肩高腰、体型修长为美。古希腊时期，女性以身材丰腴浑圆、肤色浅为美，并认为女性是男人的"丑版"。我国汉代以大眼、细腰、肤色苍白、小脚为美，而唐代则以丰腴为美。意大利文艺复兴时期，女性以豪乳肥臀、肚皮圆润、皮肤光滑为美。维多利亚时期的英格兰以腰部紧致、适当丰满但不胖为美，女性还会佩戴紧身胸衣调整身体曲线。

在20世纪20年代的美国，女性以波波头短发、贫乳、无腰部线条、小伙子般健壮的身材为美；在20世纪30年代至20世纪50年代的好莱坞黄金时代，女性以大胸脯、小蛮腰、前凸后翘、曲线优美的沙漏型身材为美；在20世纪60年代的伦敦摇摆年代，女性以曲线婀娜、身形修长的体型为美。在20世纪80年代的超模年代，女性则希望拥有高挑、结实的手臂，有运动员一样的紧致身材、苗条但不失曲线美。在20世纪90年代以瘦到不能再瘦、皮肤白到透明，甚至看不出男女的骨感为美。

在21世纪初至今的后现代审美文化中，以苗条健康、丰乳肥臀、腹部平坦、大腿之间有间隙为美，人们甚至进行双眼皮手术、隆鼻、隆胸、开眼角、文眉、抽脂等追求形体、形态美。

（二）形体、形态美评价差异形成的原因

在现实生活中，每个人的形体都存在差异。有些人的形体被普遍认为美，有些则被认为不美；有些形体被部分人认为美而被其他人认为不美；有些形体过去被认为美而现在被认为不美。

文化观念的发展创新，由于没有明确的判断正确与错误的客观标准，因而具有很大的偶然性和随意性。而形体、形态美的文化变迁正属于文化观念的范畴。在追求美的文化实践中，不同区域、不同时代的人们创造出了各不相同的形体文化。

（三）形体、形态美文化的发展趋势

与文化观念一样，形体文化也是不断发展的。虽然现在还很难说清楚形体文化创新发展的具体方向是什么，但是，形体文化中的一些影响人体健康的内容是必然要被淘汰的，如缠小脚、束腰、用铁环撑脖子、在嘴或耳朵上穿环子等。崇尚健康、崇尚情感、崇尚自由和快乐、崇尚和谐美才应该是形体、形态美文化的总体发展方向。

第二节 形体美的标准

苏霍姆林斯基有句名言：美是道德纯洁、精神丰富和体魄健全的强大源泉。对美的追求是人的天性，尽管不同年代、不同民族、不同地域的人们有不同的民族传统习惯和审美

观念，但是"美"却是全人类共同的追求。伴随着社会经济的稳定发展，人们在与自然界相互协调的过程中不断获得更加高级的审美享受，人类的审美追求和对美的需求越来越高。人们对自身形体、形态美和容貌美的渴望也越来越强烈。把人体作为审美的对象，是审美需求的高级形态，是健康进取的表现，是社会兴旺发达、国家经济稳定发展的标志，也反映了每个人的文明水平和整个国家的文明程度。

一、体育美学视域下形体美的标准

人体美的标准自古至今都存在差异，不同评价主体有不同的评价标准。不同的行业对形体美的具体要求不尽相同，例如：医学范畴的人体美是指人体健康之美，属现实美形态，具有自然美和社会美两重特征，有"健康"这个统一的标准，但又存在差异；在美容医学的范畴中，"美"的标准更是在一个普遍统一的基础上更加的差异化、个性化。

我国体育美学研究人员结合古今中外美学专家对人体健美的理解，结合我国民族体质和体形现状，提出了人体健美的十条基本标准：① 骨骼发育正常，关节不显得粗大凸出；② 肌肉发达对称，皮下有适当的脂肪；③ 头顶隆起、五官端正、五官与头部比例配合协调；④ 双肩平正对称，男宽女圆；⑤ 脊柱正视垂直，侧视曲度正常；⑥ 胸廓隆起，正背面均略呈倒三角形；女子乳部丰满而不下垂，侧看有明显曲线；⑦ 女子腰略细而结实，微呈圆柱形，腹部扁平；男子有腹肌垒块隐现；⑧ 臀部圆满适度；⑨ 腿长，大腿线条柔和，小腿腓肠肌稍突出；⑩ 足弓较高。

二、广义形体美的观测指标及标准

一般意义上，形体美的基本标准主要有：肌肉发达、健壮有力；体型匀称、线条鲜明；精神饱满、坚韧不拔。具体可以从体型、行为等方面细致评判。

（一）体型美

1. 体型评价所需指标及计算公式

经过多年的研究和测定，有关专家建立了初步的体型评分标准，即通过对身高、体重、胸围、腰围的测量及对身高体重指数、胸围腰围指数等参数的计算和分析，体现人的体型现状。胸围腰围指数=胸围（cm）-腰围（cm）；身高体重指数=体重（kg）/身高的平方（m^2）。身高体重指数和胸围腰围指数评价表如表2-1所示。

表2-1 身高体重指数和胸围腰围指数评价表

评分指数	性别	评定等级			
		优秀	良好	及格	不及格
身高体重指数	男	20~25	26~30	30~35	低于20或高于35
	女	19~24	25~29	29~34	低于19或高于34
胸围腰围指数	男	30	20	15	15以下

2. 体型美的体围观测指标

形体是否有美感很大程度上取决于身高、体重、胸围、腰围、上臂围、大腿围、臀围等身体各部位体围的尺寸及其相互之间的比例是否合理。

身高代表骨骼的发育状况，体重代表人体的整体发育状况；胸围主要反映人体的厚度和宽度；腰围反映一个人的腰背健壮程度和脂肪状况；臀围反映的是人体骨盆大小及髋、臀部肌肉的发达程度。用上臂围的数值可以分析出人体肱三头肌和肱二头肌的发达程度，用大腿围测量值可以分析出股四头肌及股后肌群的发育状况。

我国形体专家通过调查研究总结出了我国普通人群男女体围的衡量标准（见表 2-2 和表 2-3）。由于国情和各地经济发展、健身意识以及营养条件的不同，此体围标准中的数值会在一定范围内上下波动。

表 2-2　我国普通男性体围标准

身高（cm）	体重（kg）	胸围（cm）	腰围（cm）	上臂围（cm）	大腿围（cm）
170～172	63	100	69	35	53
173～175	65	102	70	35	54
176～178	67	103	71	36	55
179～182	70	103	72	36	55
183～185	72	104	72	37	56

表 2-3　我国普通女性体围标准

身高（cm）	体重（kg）	胸围（cm）	腰围（cm）	臀围（cm）
158～161	50	89	59	90
161～164	52	89	60	90
164～167	55	90	61	92
167～170	56	92	61	92
170～173	58	94	62	94
173～176	60	96	64	96

3. 人体局部美的观测指标

通过对中外美学家人体体型美见解的归纳总结，我国形体专家将我国人体局部美的指标归纳为以下几部分。

（1）骨骼。骨骼发育正常、均衡，关节灵活自然，不显粗大凸起；脊柱正位垂直，曲度正常；皮下脂肪适当，体态丰满而不显肥胖臃肿，整体匀称是关键。

（2）五官。五官端正，与头部形状及大小配合协调，眼大而有神。

（3）上肢。双肩对称，男性肩部宽阔，女性肩部圆浑；肩部不沉积脂肪，略外展、下沉；双臂线条优美、没有赘肉，肌肉紧实，曲线柔和，要符合手臂纤细但不失健美，修长却不失圆润的原则。手臂和手腕是比较纤细的部分，大体上来说，上臂围（手肘至肩部较粗的部分）比颈围（下巴抬起颈部伸长的状态）细 4.5 cm 是较理想的状态。

（4）胸背部。男子胸廓隆起，厚实，正面看有倒三角形状；女子胸部丰满而不下坠、匀称、柔韧、有弹性，呈半球型或小圆锥形。侧视胸部有明显曲线，微挺胸拔背。漂亮的背部应该宽窄适中，与臀部比例适当，骨肉丰满，腰部起伏、弯曲明显，脊柱沟较明显。

（5）腰腹部。腰部的形态美主要体现在腰细而结实，微成圆柱形，两侧曲线圆润、变化柔和。女性的腰围应为身高的 30%～70%，比例恰当、粗细适中、柔韧灵活，腹部平坦、光滑、紧致、有弹性，腰部比胸部细小 1/3；男子有腹肌垒块隐现。

（6）臀部。臀部圆润适度，挺翘，有弹性。臀部大小与腰部粗细比例恰当。双腿伸直、脚跟并拢站立，从腰部至臀部顶点的距离如果在 18 cm 以内，便属于挺翘型，若超过 18 cm，则属于下垂型。

（7）下肢。双腿修长、丰满适度，腿部线条柔和，小腿腓部突出，小腿肚浑圆适度，踝部细而圆、跟腱长，足弓较高，脚跟结实。双腿并拢后，大腿上部、大腿下部、膝盖下方到小腿肚、小腿肚到脚踝分别形成四个菱形间隙才是较标准的。而大腿长度一般应为身长的 1/4，其围径比腰围小 10 cm；小腿围径比大腿围径小 20 cm。正侧观有屈曲感，体现敏捷性与活力。

（8）皮肤。对于女性来说，肌肤的美也非常重要。肌肤美的标准是红润而有光泽，皮质表面光洁、细腻、柔韧，富有弹性，给人以容光焕发、富有朝气之感。

4. 人体体型美的标准

人体体型美主要是从均衡、对称、对比、曲线四个要素来衡量的。

（1）均衡。均衡是指人体各部位的生长发育必须要符合一定的比例，使整个人体协调发展。例如：头长与整个身高的比例要适宜；上、下肢的长度、围度要与身高成正相关；躯干高度（即坐高）要与身高呈适宜比例。按照黄金分割率理论，我们认为人体躯干与下肢的比例一般为 5∶8。同时，上述比例关系必须要符合人体正常的生长发育规律，人体各部位长度、围度、体积的搭配要协调，肤色、姿态动作和神韵的搭配也要协调，要给人视觉上的和谐感。

（2）对称。从人体正前方或背面观察，人体左右两侧是互相对称、平衡发展的。控制人体对称轴的最重要的部位是脊柱，在保持人体正常的站姿和坐姿时，人体的对称轴一定要与地面垂直，脊柱发生偏斜和扭曲就会破坏人体的对称。同时，两肩、两髋、两膝、两外踝之间的连线也应与地面保持平行。此外，人体面部器官和四肢也要对称。然而，对称美和不对称美是相对的，不是绝对的。绝对的对称是不存在的，现实生活中人体往往有许多细小部分的不对称，使人看起来也同样生动活泼，协调匀称，如发型、服饰等。

长期维持不良的身体姿势会造成身体左右不对称，从而影响人体器官的正常发育，因此，保持正确的站姿、坐姿和走姿对青少年来说尤为重要。

（3）对比。在日常的审美活动中，人们常常会发现一个事物同时具有两种不同的，甚至看似相反的特征，由于两种特征之间具有差异且相互衬托，事物看上去才更加完美。如形体上的大与小、长与短、粗与细、屈与直，节奏上的快与慢、轻与重等，都可以形成鲜明的反差，并且相互强调、相互辉映，这就是我们所说的对比美。

人的体型必须符合对比美的规律。例如，男子要具备男性的阳刚之美，女子要具备女子特有的阴柔之美，即体型要符合性别特征，它是一种隐性的对比。再如，躯干与四肢的对比：躯干是人体的枢轴，给人以稳定的感觉；四肢是人体的运动器官，给人以灵活的感觉。如果躯干弯曲或走路乱晃，四肢僵硬、动作不协调，就会给人体弱、笨拙的感觉。此外，肌肉和相应关节的对比、上下肢长度与围度的对比也很重要。肌纤维粗壮表明肌肉发达，关节较细，说明关节部位附着的脂肪少，显得灵活。人体上肢是完成精细复杂工作的运动部位，下肢是完成各种动作的支撑部位，基于其功能的不同，其对比要求也不同。上肢要求多变的结构和细线条，下肢则要求稳定的结构和粗壮线条。

（4）曲线。人体形体曲线美是指形体流畅、线条起伏对比鲜明且恰到好处。人体的曲线是丰富多变的，这些曲线的起伏对比是生动而有节奏的。例如，胸要挺、腹要收、背要拔、腰要立、肩要宽、臀要圆满适度、大腿要修长、小腿腓部要略突出、脊柱正常的生理弯曲要十分明显等。

因为性别的不同，男子、女子的审美要求也不同，所以对身体的曲线美要求也有所不同。女子曲线美要求曲线纤细而连贯，从整体上看起伏较大，从局部看则平滑流畅；男子的曲线则应是粗犷刚劲的，从整体上看起伏较小，从局部看由于肌肉粗壮而有隆起。总之，女子的曲线要显示出柔润之美，男子的曲线要显示出力量之美。

（二）行为美

行为美与姿态既有联系，又有区别。行为美不仅指人体的举止美，更注重与道德意义的"真、善、美"相联系的美。培根说："相貌的美高于色泽的美，而优雅合适的动作美又高于相貌的美，这是美的精华。"评价一个人的行为美不美，主要看他的行为是否符合社会道德规范；是否能够做到仪态端正，举止大方，自然豁达，不卑不亢；是否热情而不轻浮、勇敢而不鲁莽、豪爽而不粗俗、聪明而不油滑、自尊而不自大、谦虚而不虚伪；是否敬老爱幼，相互礼让，讲究卫生，善良而富同情心。符合上述要求的行为即为美的行为，反之则为不美的行为。

三、形体测量的内容和方法

（一）测量的内容

1. 身体基本健康状况

身体基本健康状况的测量主要包括脉搏、血压和肺活量的测量。

2. 姿势

姿势方面的测量主要包括直立姿势检查、脊柱形状检查和腿型检查等。

3. 体型

体型的测量指标主要包括身高、体重、颈围、肩宽、胸围、腰围、臀围、大腿围、小腿围、踝围、大臂围、前臂围、手腕围、上下身比例。

4. 身体成分

身体成分测量主要指人体脂肪含量的测定与计算。

5. 身体基本素质

基本身体素质测量包括对力量素质、柔韧素质、灵敏素质、耐力素质和速度素质的测量。

6. 身体机能状态

身体机能状态主要通过训练者自身的训练反应来反映，如训练后精神状态如何，身体肌肉有何反应或适应性变化，睡眠状况如何等。

（二）测量的方法

1. 体型基本指标的测量要求

体型指标的测量就是对人体外部形态的测量。测量时必须要找到准确的测量部位，掌握正确的测量方法；肢体围度的测量一般以右侧为准。下面介绍身高、体重、颈围、肩宽、胸围、腰围、臀围、大腿围、小腿围、踝围、大臂围、前臂围、手腕围、上下身比例等指标的测量方法及相关要求。

（1）身高与体重。将身高体重仪放置在平坦的地面上。要求被测者赤脚，尽量穿单薄的衣裤，背靠立柱自然站立在体重计中央，呈立正姿势，头颈部、躯干、髋部和膝关节要充分伸直，脚跟并拢，双臂自然下垂，目视前方，身体要保持平衡。测试者站在受测者侧面，将水平板轻轻沿着立柱下滑，当水平板接触到受测者头顶时，水平板所指的刻度即身高值，此时，体重表中的指针刻度即体重值。

（2）颈围。测量颈部围度时，要求被测者自然站立，双臂自然下垂，保持正常呼吸，头正直，颈部放松。测试者用软皮尺围绕受测者颈部的中间部分，即可得出颈部的围度。

（3）肩宽。测量肩部宽度时，要求被测者成直立姿势，上体保持正直，双臂自然下垂，此时，用软皮尺测量两肩峰之间的距离，得出的数值即肩部宽度。注意：测量时，受测者不要挺胸或含胸，也不要耸肩或垂肩。

（4）胸围。测量胸部围度时，要求被测者双脚左右分立并与肩同宽，上体正直，双臂自然下垂，保持自然呼吸。测试者面对受试者，将软皮尺围绕背部两肩胛骨下角线经腋下至胸前乳头上方第四肋骨处，即可测量出胸部的围度，这时的测量值称为常态胸围。常态胸围测完后，挺胸站立，双手叉腰，两肘稍向前，背阔肌向两侧展开，同时吸气将胸廓隆起，当吸气达到最大程度时，测试者将软皮尺围绕背部两肩胛骨下角线经腋下至胸前乳头上方第四肋骨处，即可测出胸部的最大围度。然后要求被测者将肺内气体完全排出，测试者将软皮尺围绕其背部两肩胛骨下角线经腋下至胸前乳头上方第四肋骨处，即可得出胸部最小围度，也称呼气时的围度。

（5）腰围。测量腰部围度时，要求被测者两脚左右分立并与肩同宽，上体保持正直，双臂自然下垂，自然呼吸。测试者将软皮尺围绕被测者肚脐和骨盆上沿，即可测出腰部围度。

（6）臀围。测量臀部围度时，要求被测者双腿并拢站立，上体保持正直，双臂自然下垂，测试者用软皮尺沿体前耻骨联合处平行于臀的最大部位量起，即可测出臀围。

（7）大腿围。测量大腿围度时，要求被测者自然站立，双腿分开并与肩同宽，两臂自然下垂，上体保持正直，使体重均匀地落在双脚上。测试者用软皮尺的上沿与臀折线齐平环绕量起，测出大腿的围度。

（8）小腿围。测量小腿围度时，要求被测者自然站立，双腿分开并与肩同宽，上体保持正直，双臂自然下垂，使体重均匀地落在两脚上。测试者用软皮尺沿小腿的最大部位平行量起，测出小腿的围度。

（9）踝围。测量脚踝的围度时，要求被测者自然站立，双腿分开并与肩同宽，身体的重心要求落在两脚之间，测试者用软皮尺沿踝关节四周最细的部位量起，测量出脚踝的围度。

（10）大臂围。测量大臂围度时，要求被测者自然站立，双臂自然下垂，测试者将软皮尺沿肩关节与肘关节之间的最粗部位量起，皮尺尽量平行于地面，此时的数值即为大臂的围度。

（11）前臂围。测量前臂围度时，要求被测者自然站立，双臂自然下垂，测试者将软皮尺沿前臂的最粗部位平行量起，即可得出前臂的围度。

（12）手腕围。测量手腕围度时，要求被测者自然站立，双臂自然下垂，测试者将软皮尺沿手腕最细的部位量起，测出手腕的围度。

（13）上身、下身的比例。测量上身、下身比例时，要求被测者赤脚，背靠身高计的立柱，成立正姿势，颈部、腰部、髋部和膝关节充分伸直，两脚跟并拢，双臂自然下垂。测试者用软皮尺从身高计的横板拉至被测者的肚脐，得出上身长度，再量出从肚脐到被测者脚底的长度，即下身长度，最后计算出上、下身的比例。

2. 体型的评价标准

体型是身体的外部形态，我们通常所说的一个人的体型匀称与否，修长还是矮胖，苗条或是粗壮等，都是根据人体各部分骨骼的比例大小、肌肉的发达程度和皮下脂肪的堆积程度做出判断的。对体型进行测量和评价有利于有的放矢，进行针对性的训练，以获得比较满意的效果。要对体型进行测量，首先要了解体型包含哪些基本成分。

形体专家及运动学专家认为，人体体型中包括三种基本成分：第一种成分反映脂肪含量的多少；第二种成分反映肌肉的发达程度；第三种成分反映骨骼的发育程度。骨骼是体型构成的支架，决定着人体的高矮、身体各部分的长短和宽窄；肌肉的发达程度和皮下脂肪的多少则构成了人体的外部轮廓。这三种成分在每个人的体内分配含量均不同，从而形成了各种不同类型的体型。不同的体型各成分所占的优势不同：肥胖体型的人体内脂肪含量较多，即第一种成分占优势；身材高大、骨骼粗壮、肌肉发达的体型其第二种成分和第三种成分占优势；瘦高的人第三种成分占优势。

3. 体格各成分的测量要求及计算方法

（1）体格各成分的测量要求。体格各成分包含身高，体重，围度，骨径（股骨径、肱骨径）及上臂部、肩胛部、髋部的皮脂厚度。其中，身高和体重的测量方法和要求如前所述。

① 围度。围度测量部位一般选择上臂围和小腿围。

② 骨径。测量骨径一般要求用弯脚规。股骨径测量是指测量大腿骨远端内外侧之间的距离。肱骨径测量则是指上臂骨远端内外侧之间的距离。

③ 皮脂厚度。测量上臂部皮脂厚度要求：右臂自然下垂，在肩与肘后连线中点垂直捏起皮褶。测量肩胛部皮脂厚度要求：在肩胛下角点约 1 cm 处，皮褶方向向外下方与脊柱成 45°角。测量髋部皮脂厚度要求：在髋部上方脐水平线与腋中线交界处，稍斜前捏起皮褶。

（2）体格类型评分表的使用方法。

在完成测量后，可用简化"希思—卡特"评分表（见表 2-4）求出各成分分值。查表方法为：按表上横排上方所列的三种成分，在表内找出某一种成分的测量值，然后找出其中最接近实际测量值的数值，该数值左侧对应的分值为该成分的分值。例如，某人各项指标的测量结果为：身高 178 cm，体重 71 kg；上臂部皮脂厚度为 14.1 mm，肩胛部皮脂厚度为 18.4 mm，髋部皮脂厚度为 10.2 mm；上臂围为 34 mm，小腿围为 37 mm，肱骨骨径为 7 mm，股骨骨径为 10 mm。根据公式，三种成分的分值计算方法和结果如下。

表 2-4 简化"希思—卡特"评分表

分 值	第 一 成 分	第 二 成 分					第 三 成 分
	皮褶厚度总和(mm)	身高(cm)	骨胫(cm)		肌围(cm)		身高(cm)
			肱骨	股骨	三头肌	腓肠肌	$\sqrt[3]{体重kg}$
−1		141.61	5.265	7.515	24.05	28.10	
−0.5		145.42	5.415	7.725	24.70	28.90	
0		149.23	5.565	7.925	25.35	29.70	
0.5	10.95	153.06	5.710	8.140	26.00	30.15	39.671
1	14.95	156.85	5.855	8.345	26.65	31.20	40.762
1.5	18.95	160.66	6.000	8.535	27.35	32.00	41.456
2	22.95	164.47	6.145	8.745	28.00	32.80	42.151
2.5	26.95	168.08	6.295	8.975	28.65	33.85	42.845
3	31.5	172.09	6.440	9.180	29.35	34.30	43.507
3.5	35.84	175.90	6.580	9.385	30.00	35.10	44.010
4	42.75	179.71	6.725	9.595	30.25	35.90	44.863
4.5	46.25	183.52	6.875	9.805	30.30	36.70	45.557
5	52.25	187.33	7.020	10.015	31.90	37.45	46.252
5.5	58.75	191.14	7.165	10.225	32.60	38.20	46.946
6	65.75	194.95	7.285	10.430	33.30	39.00	47.608
6.5	73.25	198.76	7.430	10.635	33.95	39.80	48.269
7	81.25	202.57	7.600	10.845	34.65	40.60	48.964
7.5	89.75	206.38	7.745	11.055	35.30	41.40	49.658

续表

分值	第一成分	第二成分					第三成分
	皮褶厚度总和(mm)	身高(cm)	骨胫(cm)		肌围(cm)		身高(cm)
			肱骨	股骨	三头肌	腓肠肌	$\sqrt[3]{\text{体重}}$kg
8	89.95	210.19	7.895	11.265	35.95	42.00	
8.5	108.95	213.99	8.040	11.475	36.70	43.00	51.014
9	110.75	217.81	8.180	11.685	37.45	43.80	52.352
9.5	131.25	220.98	8.325	11.895	38.15	44.60	∞
10	143.75	225.43	8.475	12.105	38.90	45.40	
10.5	157.25						
11	171.95	∞	∞	∞	∞	∞	
11.5	187.95						
12	∞						

第一成分分值：将所测三个部位的皮脂厚度相加，即 14.1+18.4+10.2=42.7(mm)，接近 42.75 mm，查表可知，其对应分值为 4，则第一成分分值为 4 分。

第二成分分值：身高测量值接近 179.71 cm，其对应分值为 4 分；肱骨骨径接近 7.020 cm，故分值为 5 分；股骨骨径接近 10.015 cm，故分值为 5 分；上臂围分值为 6.5 分；小腿围分值为 4.5 分，将骨径和围度的 4 个分值相加，然后除以 2，再减去身高的分值，得出第二成分分值，即(4.5+5+5+6.5)/2-4=6.5，则第二成分分值为 6.5 分。

第三成分的分值：身高/$\sqrt[3]{\text{体重}}$ =178/$\sqrt[3]{71}$ =42.99，查表得 2.5 分，则第三成分分值为 2.5 分。

把三种成分的分值按"第一成分—第二成分—第三成分"的顺序表示，我们称之为三联数。其中哪种成分分值高，就表明此人体型是以该成分为主的。如本例三联数是 4—6.5—2.5，即第二成分量最大，其次是第一成分，说明此人体型是第二成分为主，第一成分为次，即肌肉发达，脂肪也较多。若三种成分分值大小接近，则说明此人体型匀称。

这种体型测量方法虽然比较复杂，但却相对客观，能够比较真实地反映体内骨骼、肌肉、脂肪的分布情况，从三联数可直观地了解被测者是什么体型。

4．身体基本生理指标的测量

形体美的基础是健康美，只有拥有健康的生理指标，才有可能展示出人体的内在美，因此，对身体基本生理指标的测量也是形体美测量中必不可少的内容。身体基本生理指标包括脉搏、血压、肺活量、基本素质与机能状态、体脂百分比等。

（1）脉搏的测量。脉搏是指动脉的搏动。测量安静心律时，被测者可采用坐姿或平躺姿势，测量者以食指、中指和无名指的指端按住被测者腕部桡动脉，以 10 秒为单位，连续测三个 10 秒，取平均值，乘以 6，即为每分钟脉搏次数。运动时的脉搏测定方法同前，但应在运动结束后马上进行。在正常情况下，成年人安静时每分钟脉搏为 70 次左右（60~80 次/分），通过长期的训练，也有安静时心率在 60 次/分以下的，这是心脏泵血功能提高的表现，也是心脏能量节省化和健康状况良好的标志。

（2）血压的测量。血压是指心脏排出的血液在血管内流动时对血管壁产生的压力，收缩时压力的最高值叫收缩压，也称高压；舒张时压力的最低值称为舒张压，也叫低压。正常测量时要求被测者在安静状态下，静坐 10 分钟后再进行测量。正常人的收缩压为 100～120 毫米汞柱（mmHg），舒张压为 60～80 毫米汞柱。

（3）肺活量的测量。人体尽全力吸气后，再尽全力呼出的气体总量，称为肺活量。肺活量可以用肺活量计测试。测量前先做 1～2 次深呼吸，然后尽量吸气再尽量呼气。在呼气时不能做任何附加动作，用同样的方法测 3 次，取其中的最大值，即为被测者的肺活量。肺活量反映了人体肺的换气能力。成年人的肺活量一般为 3 500 ml。

（4）基本素质与机能状态的检测。基本素质与机能状态的测试指标包括平衡性、敏捷性、柔韧性、爆发力、持久力、肌肉力量等方面。

① 平衡性测验：要求被测者闭目站立，双手叉腰，一条腿屈膝抬高，站立 30 秒，不能移动位置，也不能明显摇摆晃动，30 秒后再另换一条腿测验。

② 敏捷性测验：要求被测者双手叉腰坐在椅子上，以两脚大脚趾趾尖触地，在 10 秒内两腿交替进行张开、闭合动作 20 次。

③ 柔韧性测验：要求被测者做两个动作：一是坐位体前屈动作，双手必须伸到脚面以下 16 cm；二是后背接手动作，要求其大拇指必须相接。

④ 爆发力测验：测定项目一般为立定跳远，要求有下蹲摆臂动作，男子要达到 2 m，女子应达到 1.5 m。

⑤ 持久力测验：要求被测者捏鼻屏息，测试者计时。男子一般应达到 46 秒，女子应达到 30 秒。

⑥ 肌肉力量：测试肌肉力量可用俯卧撑、仰卧两头起、握力三种方法。做俯卧撑时要求男子 18 个，女子 10 个；做仰卧两头起时要求男子 30 次，女子 20 次；握力要求男子左手为 45 千克、右手为 52 千克，女子左手为 38 千克、右手为 45 千克。

（5）体脂百分比的测量与计算。每个人的体重都包括脂肪、骨骼、内脏的重量，而可变性最大的是脂肪和肌肉两部分。通过间接测量身体的体脂百分比（脂肪占体重的百分比）和脂肪重量，能够较为科学地体现人体的肥胖程度。测量方法非常简单，只需测量一下腰围，再代入不同的公式即可计算出身体密度、体脂百分比和体脂重。

$$腹部皮脂厚度 = 0.91 \times 腰围 - 52.62 \quad (2\text{-}1)$$

$$男性身体密度 = 1.0\,863 - 0.00\,176 \times 腹部皮脂厚度 \quad (2\text{-}2)$$

$$女性身体密度 = 1.0\,709 - 0.00\,105 \times 腹部皮脂厚度 \quad (2\text{-}3)$$

$$体脂百分比（\%） = (4.570/身体密度 - 4.142) \times 100 \quad (2\text{-}4)$$

$$体脂重 = 体重 \times 体脂百分比 \quad (2\text{-}5)$$

另一种方法是用测皮脂厚度的方法直接测出腹部的皮脂厚度，再代入上式计算出体脂百分比。根据计算结果可以分析出人体在最佳健康状态和最佳体力状态时的体脂百分比（见表 2-5）。

表 2-5 人体在不同状态下的体脂百分比（%）

身体状态	性别	
	男	女
身体最佳健康状态	10～25	18～30
身体最佳体力状态	12～18	16～25

形体、形态美的衡量标准涉及因素较多，比较复杂，因此，其衡量标准是相对的。人体美不仅是外表的形态美和体型美，还包括内在的气质美，是展现一个人身体的"综合美"。

第三节 影响形体美的因素

影响形体美的因素有很多，主要体现在骨骼、肌肉、皮肤三个方面。此外，服饰、发型、营养状况、运动能力及心理健康状况等也是影响形体美的重要因素。

一、骨骼和肌肉

骨骼是体型构成的支架，决定着人体的高矮、身体各部分的长短和宽窄。肌肉的发达程度和皮下脂肪的多少则决定了人体的外部轮廓。因此，人的体型匀称与否，通常都是根据人体各部分骨骼的比例大小、肌肉的发达程度和皮下脂肪的堆积程度做出判断的。

二、皮肤

皮肤是人体面积最大、最敏感的器官之一。皮肤一般分为油性皮肤、中性皮肤、干性皮肤和混合性皮肤。健康、细腻而富有弹性的皮肤是人体最富魅力的体表器官。因此，对皮肤的保护是很重要的，尤其是面部皮肤更需要倍加呵护。

三、服饰与发型

俗话说"人靠衣装马靠鞍"，在现实生活中，形体完美的人是极少的，对于形体并不完美的人来说，除了通过适当的锻炼、控制饮食来调整形体外，服装的合理搭配也能掩饰某些体型的不足。服装的搭配必须本着扬长避短的原则，巧妙利用各种色彩、图案、饰物进行装饰。

发型的选择原则上与服饰一样，要以发质、脸型、职业、服装、年龄等为基础，应因人而异，最大限度展示出形体美，以反映人的精神风貌和气质为目的。

四、营养和心理素质

营养是影响形体美的重要指标。美的形体是通过科学的训练和合理的膳食塑造的。人体没有充分合理的营养，就不能保证正常的成长发育；人体不能及时地补充营养，也就无法弥补由于训练所造成的能量消耗，形体训练的效果也就无从谈起。健康而美的形体必须建立在科学合理的营养补充基础之上，只有这样，形体训练才能健康持久地开展。

形体美是通过形体的表现力来实现的，没有良好的心理素质也就无法适时地展现形体美的风采，而稳定的心理素质是通过平时的学习和锻炼获得的，因此，形体训练者应该重视心理训练，以期取得更好的效果。

五、运动能力

毫无疑问，任何健康的体魄和健美的身材都离不开运动。人体运动量、运动负荷是否适当，直接影响身体机能和器官的发育、影响身体肌肉含量和脂肪含量的比例、影响激素的分泌等，这些变化最直接地展示在人体体型和气质的改变上。又因为形体美是通过形体的外在表现力来实现的，所以，要实现形体美必须长期坚持科学的形体训练。

第四节 空乘人员职业形体与形象

不同职业需求下，产生了不同的审美观点。空乘人员应首先认清自己的职业特征，然后才能按照职业要求打造属于本职业的形象。

一、空乘人员角色认知

（一）空乘人员角色认知的概念

空乘人员的角色认知是指空乘人员对布置给他们的工作职责的了解程度。这种认知很重要，因为它将指引空乘人员工作努力的方向，并影响到她与同事、乘客及其他利益相关者的协作。

最早的空乘人员是 1930 年美国联合航空公司聘用的一名护士，她的工作是照顾飞机上的乘客。此后很长一段时期内，空乘人员主要是女性。实际上，空乘工作对体力的需求很大，加上要时常适应时差，因此空乘人员非常辛苦。近年来由于恐怖组织活动的威胁，维护客舱安全也成为空乘人员越来越重要的职责，所以，越来越多的男性也加入空中服务员的行列。目前，空乘人员的主要职责是在民航飞机上确保乘客旅途中的安全和舒适，为乘客供应机餐、指导乘客使用机上安全设备、在紧急情况下组织乘客逃离飞机等。

（二）空乘人员角色认知的要素

空乘人员角色认知的概念包括三个要素：

（1）具体任务。准确的角色认知要求空乘人员知道布置给他们的具体任务是什么，即要求其知道具体的职责或者负责的后果。

（2）优先顺序。准确的角色认知要求空乘人员知道不同的任务和业绩期望之间的优先顺序，为不同的任务合理安排时间和资源。

（3）首选方法。准确的角色认知要求空乘人员知道完成任务的首选方法，这适用于完成任务的方法有一种以上的情况，有清晰角色认知的员工知道哪种方法对组织来说最优。

二、空乘人员的基本素质

空乘人员应完成的工作和应具备的素质主要有以下几方面。

（一）达到基本的形象和形体要求

根据目前国内外招聘空乘人员的标准来看，身材、体重、容貌依然占较大比重。空乘人员必须五官端正、眉清目秀、身材姣好、声音甜美、气质优雅、举止端庄大方。

（二）具备相关的专业理论知识和实践知识

作为空乘人员，不仅要在飞机上端茶送水，还需要掌握更多的知识，包括所经国家的概况、人文地理、政治、经济、城市、河流、山脉以及名胜古迹等。不仅如此，空乘人员还要掌握飞机上设备的使用方法、紧急情况的处置方法、飞行中的服务工作程序以及服务技巧等。

（三）必须通过专业的职业培训

空乘人员在入职前需要先接受航空公司提供的包括服务、仪态、化妆、飞机安全及急救等方面的训练，合格后才可正式上任。另外，所有准空乘人员必须得到国际民航组织许可，才可以从事空乘人员的工作。

（四）掌握简单的外语，有较好的沟通能力

随着航空运输业的发展，国际航线的不断增多，飞机上的外国乘客越来越多，这就要求空乘人员学会英语及另外一种或一种以上的外语，以便与各国乘客沟通。

语言本身代表每一个人的属性，作为一名空乘人员，要学会说话的艺术。俗话说"良言一句三冬暖，恶语伤人六月寒"，可见语言使用是否得当、是否合乎礼仪，会产生迥然不同的效果。一个人的言谈是考察一个人人品的重要标志，不同的服务语言往往会得出不同的服务结果。面对不同的乘客群体，一名空乘人员要掌握不同的说话技巧。

（五）有良好的职业道德

良好的职业道德是优秀空乘人员素质的灵魂，因此，空乘人员要做到如下几点。

（1）要有强烈的事业心，热爱本职工作，主动、周到、任劳任怨地做好工作。

（2）要有较强的服务理念和服务意识、吃苦耐劳的精神，并将这种意识和精神融化在人生观里，成为一种自觉的思想。

（3）要有热情开朗的性格，有耐心、责任心、包容心以及团结协作的精神。

（六）能够熟练运用服务礼仪知识和技巧

航空服务礼仪是指空乘人员在服务工作中应遵守的行为规范，具体指空乘人员在客舱服务中的各服务环节，从在客舱迎接旅客登飞机、与旅客沟通，到飞机飞行中的供餐、送饮料，为特殊旅客提供特殊服务等都有一整套的行为规范。

综上所述，空乘人员是适应新时代民航运输事业发展，具有较高的政治素质，具有坚实的英语基础、突出的英语应用能力，具有较高的人文素质，受过专门航空运输技能知识训练，熟练掌握民航航空中服务操作和技能的实用型人员。表现为气质佳、仪表美、形体美、才艺精、心灵美、有扎实的专业素质和身体素质，纪律严，是集技术性、专业性、服务性于一身的知识型、技能型、应用型人才。

三、空乘人员形体与形象的要求

（一）空乘人员形体美的要求

1. 体型方面

女性空乘人员在体型方面应具备的特征：两臂修长、臂直腿长；颈部挺拔；胸部比例协调；臀部挺翘、线条圆润；腰部纤细而有力量，并呈圆柱形；腹部扁平；小腿长、腓肠肌位置较高并向后微微凸出。整体来说，体重适当，身材匀称，体形曲线明显、优美而协调。

男性空乘人员应骨骼发育正常，身体各部位比例匀称，保持胸肌圆隆；臀大肌鼓实；上肢力量及肌肉发达；肩宽腿直。整体来说，身材魁梧、肌肉紧实，整个体型呈倒三角形，散发着健康、青春而有活力的蓬勃向上的气息。

2. 围度方面

女性空乘人员在身体各部位围度比例方面应具备的条件：上下身比例为 5∶8，符合"黄金分割"定律；胸围为身高的 1/2；腰围比胸围少 20 cm；臀围较胸围大 4 cm；小腿围较大腿围少 20 cm；足颈围较小腿围少 10 cm；手腕围较足颈围少 5 cm；颈围等于小腿围。

男性空乘人员在身体各部位围度比例方面应具备的条件：肩宽等于身高的 1/4；胸围等于身高的 1/2 加 5 cm；腰围较胸围少 15 cm；大腿围较腰围少 22.5 cm；小腿围较大腿

围少 18 cm；足颈围较小腿围少 12 cm；颈围等于小腿围。

（二）空乘人员个人形象的组成要素

空乘人员个人形象不仅是指空乘人员的外表或容貌，也是空乘人员内在品质的外部反映，是空乘人员内在美的外在表现形式。空乘人员的个人形象反映了空乘人员的素养和品质，体现了空乘人员的工作意愿。空乘人员的个人形象由六个要素构成，即仪容仪表、表情、举止、服饰、言谈和待人接物。

1. 仪容仪表

仪容仪表包括一切可视、可嗅、可触等能够被人的感觉器官感知的东西，指空乘人员个人形体的基本外观，如发型、皮肤表征等。在工作过程中，由于只有头部（包括头发）、脸部和手部是可以裸露的，因此，对仪表的要求主要集中在这些裸露部位，要求这些部位无异物、无异样、无异味，皮肤红润、光滑而有弹性。

2. 表情

表情主要是指空乘人员的面部表情，它是人类的第二语言，是最能够感染他人的形象要素。工作中要目光有神，保持自然、友好、温和的表情，同时要与环境、语言表达等相符合，不呆板、不夸张、不怪异。

3. 举止

举止指的是空乘人员的肢体动作，这些动作必须是得体的、优雅的、保守的、端庄的、规范的，要与空乘人员的身份相符。在站、坐、行时颈部挺直而灵活，并与头部配合协调，保持良好的姿势。

4. 服饰

服饰是对空乘人员穿着的服装和佩戴的首饰的统称，是空乘人员的外在包装，包括衣、裤、裙、帽、袜、手套等。服饰是一种无声的语言，它体现了空乘人员的身份、涵养及心理状态，还具有突出身体优点、掩盖缺点的功用。

5. 言谈

言谈即空乘人员的言谈话语，主要指语音、语调和语速。空乘人员在说话时手势、眼神和头部要控制好；养成聆听的习惯，慎选言谈的内容，特别注意不打断对方说话。

6. 待人接物

待人接物主要是指空乘人员对待乘客及同事的态度和方式，实际上是做人的原则、为人处世的态度、与人相处的方式。

空姐的美丽、端庄、大方，空少的明朗、健壮、阳光给人们留下了固定的形象特征。这种特征包括外在和内在两个方面：内在包括素质、修养等；外在包括仪容仪表、语言行为等。外在形象作为内在素质的体现，以内在素质为基础。

空乘人员的仪表是其精神面貌的外观表现，作为一名合格的空乘人员，需要在长期的飞行中注重自己文化素质的提高、本身性格的培养和自身的修养，将外在的美和内在的美相结合，形成这个职业特有的气质和形象。

（三）我国空乘人员形象美的评价标准

1. 发型

身着制服时，空乘人员应注意保持发质柔顺有光泽，发型整洁美观、大方自然、统一规范、修饰得体。发型以乘务业务规定的标准发型为主，不留怪异发型。

2. 妆容

在执行航班任务时空乘人员必须化工作妆，妆容应以淡雅、清新、自然为宜，保持良好的精神面貌，保持手和指甲修剪整洁。使用健康颜色及亮彩色等的口红，工作妆绝不可浓妆艳抹，口红也不可涂得过于鲜红。不佩戴过大的饰物、时装手表，不在旅客面前补妆、修饰。对男士的最基本要求是养成每天剃须的良好习惯。

3. 局部卫生

在面部修饰时要注意保持面部健康，防止由于卫生问题而导致的面部痤疮，保持眉毛、眼角、耳部、鼻部的清洁，注意口腔卫生，保持口气清新。手和手指甲应随时保持清洁，经常擦润肤霜，保持手部柔软。

4. 服装

值勤时，同一航班乘务组空乘人员可根据航线季节、天气变化及个人身体素质着装，女士一律着裙装，工作服应保持干净整洁、熨烫平整。迎送客时，女士可着马甲，寒冷地区可着大衣。皮鞋应保持光亮、无破损，空中应着单皮鞋，平底鞋只能在空中服务时穿着。着制服时须扣好纽扣，女士着大衣、风衣时要系好腰带，佩戴围巾、手套。登机证佩戴在制服、风衣、大衣胸前，上机后摘掉；服务牌佩戴在制服右上侧、衬衣和围裙的左上侧。在工作区域应着装大方，工作装与便装不混穿。

5. 言谈

与旅客相遇，应微笑示意、驻足让道、主动问好；在任何时候均以礼貌平和的方式讲话，不大声喧哗、嬉笑、打闹；接听电话时应使用文明电话用语；尊重驻地国民俗、文化。还要注意，不以公司立场对外发言。

安全、快捷、舒适是航空运输的最大的特点，乘务工作是实现和体现这一点的重要组成部分。空乘人员的仪表、形象、言谈举止、服务态度、服务技能等不仅仅代表自身和航空公司，还代表着整个民族和国家的形象。

第五节 空乘人员形体训练的营养与健康

空乘人员系统的形体训练，不仅利用芭蕾、舞蹈、体操舒展的动作塑造人体的优雅姿态，而且也传播高雅的艺术精髓，增强人的内涵和修养，使人的精神之美和形体之美达到统一，有助于改善练习者的气质和风度，使其外在表现和内在修养达到和谐统一。形体训练对人体的益处显而易见，那么，同所有的运动训练一样，空乘人员在进行形体训练时，必须科学训练、注重营养、健康运动，营养和健康与形体训练同等重要。

一、营养与健康概述

（一）营养

营养（nutrition）指人们摄取食物，进行消化、吸收和利用的整个过程。这个过程能满足人体生命运动所需的能量，提供细胞组织生长发育与修复的材料并维持机体的正常生理功能。中华民族传统营养学有丰富的哲学内涵，包括"天人合一""身土不二"的生态观；"调理阴阳""阴平阳秘"的健康观；"药食同源""寓医于食"的食疗观；"审因施食""辨证用膳"的平衡膳食观。

营养学是研究物质资源利用的科学，是研究生物体营养过程的科学。生物体营养过程即生命活动过程，生命活动的物质资源基础即养分，这些养分在营养学中叫作营养素（nutrients），是指维持人体正常生长发育、新陈代谢所必需的营养物质。营养素按化学性质分为七大类：蛋白质（protein）、脂肪（fats）、碳水化合物（carbohydrates）、矿物质（minerals）、维生素（vitamin）、水（water）、膳食纤维（dietary fiber）。营养学阐明了生命活动的本质，并通过营养措施维持和发展了生态系统的平衡。一个人的健康不仅在于运动，也在于营养，营养和训练在造就人的健康中相辅相成，二者同样重要。

（二）健康

健康（health）不仅指不生病，还指机体与环境之间在生理上、心理上、社会上保持相对平衡，有适应社会生活的能力。人体的健康状况可以分为健康、亚健康和疾病。通常的医学体检一般只针对疾病进行诊断。在日常生活中，我们一般依据 BMI 指数（体质指数）、体脂百分比指数、腰臀比等指标的测定来分析身体状况（高矮胖瘦）和运动机能（五大基本运动素质），并判定身体各项机能的状态。

二、形体训练中的营养与健康

营养是摄取与利用食物的过程。营养与运动都是维持和促进人类健康的重要因素，两者相辅相成。

（一）《中国居民膳食指南》中的健康饮食原则

《中国居民膳食指南》中的健康饮食原则为：食物多样、谷类为主，粗细搭配；多吃蔬菜、水果和薯类；每天吃奶类、豆类或其制品；经常吃适量鱼、禽、蛋、瘦肉，少吃肥肉和荤油；减少烹调油用量，吃清淡少盐的膳食；不要太油腻，不要太咸，不要过多的动物性食物和油炸、烟熏食物；零食要适当；三餐分配合理。一般早、中、晚餐的能量分别占一天总能量摄入的 30%、40%、30%为宜。水约占人体重的 60%~70%，每天足量饮水，合理选择饮料；饮酒应限量；吃卫生新鲜的食物。

（二）形体训练的饮食营养与健康要求

在形体训练中，合理的饮食和休息是保证最佳训练效果的关键，何时饮食、怎样挑选食物、食物如何搭配等都是运动营养学所探讨的问题。

1. 饮食营养要求

（1）饮食搭配。在参加大运动量的形体训练时，锻炼者健康食谱搭配要更精细。食物应包含钙（防止骨质疏松）、多种维生素（维持正常生理功能的微量有机物质）、适量的碳水化合物、蛋白质（人体必需的重要营养成分）等，此外，每天还应注意饮水大约1.5～2L。三餐一定要均衡。

（2）热量比例。人体每日所需热量和体重有关。蛋白质、脂肪与糖类等热量物质的比例影响着练习者机体的代谢和运动能力，要合理搭配，确保热量摄入适当，补充能量的同时一定要配合运动。

（3）饮食量。练习者的饮食需要量受体型、训练量、年龄等因素的影响，所以，每日饮食量的计算要尽量精确。

（4）饮食时间。饮食时间最好配合训练的时间。训练前的适当饮食可以为体内的肝醣做最后的补充，替整个运动的过程提供充足的营养、水分，安定胃肠道等。

2. 健康训练要求

（1）注意起居。从一天的时辰变化来看，人体12条经络各有相应的活跃时辰，宜顺应天时在夜晚23点前就寝，以补气血。

（2）重视热身与放松。热身活动与运动后的放松和训练同等重要，轻量活动和伸展练习能降低肌肉和韧带的黏滞性，帮助循环和移走代谢废物，其目的是逐渐加速或减缓"生物马达"。适当的热身运动和整理放松动作会使人在练习前尽快地进入训练状态，在训练后更快地获得生理平衡。

（3）提高身体基本素质。形体训练包括基本素质训练、形体专项训练、心理和意志品质训练等。随着训练水平和强度的不断提高，对身体柔韧性、灵敏度、协调度、平衡度、爆发力等素质的要求也越来越高，为了避免运动损伤的发生，在形体训练的内容中必须要强化素质练习，确保训练安全。

（4）掌握正确的技术动作。正确的动作技术是完成动作时身体各器官、各部位的最合理化配置，反映了各种组织结构间的力学关系。它使身体各部分的空间位置处于最佳的省力状态，可减轻肌肉韧带的紧张和疲劳。正确的身体姿势由身体各部分相互间的位置决定，能表现健康的精神面貌和优美的身体曲线。

（5）加强自我医务监督。在形体训练过程中，除定期进行医学检查外，锻炼者必须注意自己身体的变化，定期做好周记，以便及时发现异常，调整训练计划。

（三）空乘人员在形体训练中的饮食营养与健康要求

空乘人员的工作具有行业特殊性。起飞时间的差异、飞行跨域的差异会导致空乘人员睡眠时间不稳定，需要经常倒时差；在飞行过程中，由于长期处于高空中，空气压力、紫外线和噪声等对其听力、皮肤等有不同程度的损伤；长期的机舱服务姿势对其腰椎等也会造成影响；等等。这种高强度的工作常导致一些空乘人员睡眠不足、作息不规律、暴饮暴食、体重增加等。鉴于以上影响健康的因素持续存在，空乘人员在进行形体训练时更要有针对性地保持营养与健康。

1. 饮食营养要求

（1）训练饮食。运动前应以低脂食物为主，一般应在大量进食后3~4小时，再进行激烈训练。训练中的饮食，最好摄取液态的葡萄糖，训练后要及时补充脂肪、蛋白质、维生素、矿物质等。

（2）日常饮食。在日常饮食中要注意营养的合理搭配，多吃卫生新鲜的食物。应遵循饮食清淡，"素食为主、粗茶淡饭""食，不可无绿"等平衡膳食原则。

（3）水分补充。日常生活中应大量及时地补充水分，保持皮肤的水润和弹性。训练中和训练后要注意适当补水，训练后的饮水以少量多次为宜。合理选择饮料，饮酒应限量。

（4）营养保障。适度科学的营养是保障身体正常训练的重要条件。因此，机体在运动前储备适度的能源物质（特别是碳水化合物）和代谢调节物质（充足的维生素和矿物质），在训练后保证蛋白质合成是营养保障的重要任务。

2. 健康训练要求

（1）适当的训练时长。形体运动是有氧运动和无氧运动的结合。在形体训练中，身体参与供能的系统有：ATP-CP供能系统（磷酸原供能系统）、乳酸供能系统和有氧氧化供能系统。乳酸供能系统持续时间为33秒左右。有氧氧化供能系统持续时间可认为无限大。因此，在进行形体训练成套练习时，最开始的几分钟内能量由人体内预存的热能物质ATP（三磷酸腺苷）提供。在形体训练进行到30分钟以后就进入有氧运动，持续30~60分钟，所消耗热量的五成就由燃烧脂肪来供应。因此，每次训练时间应超过30分钟，以60~90分钟为宜。

（2）处理好节食与训练的关系。一小时的有氧运动只能燃烧掉食物里的淀粉和脂肪，不能燃烧掉体内原本积存的脂肪，对减肥无益，只有节食后一小时的有氧运动才能消耗掉体内的脂肪。总之，节食后做有氧运动，有氧运动后节食，才能达到减肥的效果。

（3）保护皮肤。在进行户外训练时做好防晒工作，保护好裸露部位的皮肤。

（4）适宜训练的环境。训练时要保持训练场所的整洁和安静，穿着适合形体训练的服装和鞋子，束紧头发。

（5）顺应自然规律。"春夏养阳，秋冬养阴。"形体训练也应顺应自然界的变化规律，顺应人体自身的气血盛衰、阴阳消长的相应性变更规律，为阳气潜藏、阴气渐盛打基础，不应宣泄太过或使内寒太甚而伤阳气。所谓"天行健，君子以自强不息"，就是强调人要效法自然，做到有节奏、合乎规律地运动。

（6）注意保暖。生命在于运动。中国古代养生学认为天人一体，天体在不停地运动，人体也要运动不止，但是训练前和训练后务必要注意保暖，以免寒气入侵，对关节造成损伤。

（7）重视准备活动和放松活动。适当的热身能减轻肌肉黏滞度，增加在寒冷环境中练习的体温调节反应，改善关节活动状况和柔韧性。有针对性的放松动作有助于肌肉的恢复。

（8）加强自我监控。空乘人员可以根据自己的工作时间安排和身体状况进行形体训练。训练内容和强度的制定要和训练的情绪、肌肉的恢复情况、食欲、睡眠等情况相结合。要勤测脉搏，记录好每周的训练效果和身体自我感觉，以不断完善和调整训练计划。

（9）合理选择训练内容。由于空乘人员的工作性质，其颈椎、腰椎、耳、心脏等负荷较大，容易受到损伤。在制订训练计划时，要根据个人的不同情况，有针对性地选择动作或动作组合，以矫正或修复受损器官和部位，如增加核心部分的力量练习，练习八段锦以松筋、健骨、明目、聪耳等。

三、形体训练运动处方的制订

运动也要有"处方"。合理而适当的运动处方可以帮助训练者顺利有效地获得预期的训练效果。形体训练者应学会根据自身实际情况、训练目的等科学地制订适合自己的运动处方。

一个良好的运动处方主要包括三个阶段：热身运动、较激烈的主要活动、缓和运动。此外，拟定运动处方需要考虑四项基本要素：训练强度、训练持续时间、训练频率、训练项目。

（一）训练强度（训练激烈程度）

若要以运动提升心肺适能的话，运动时的心跳数必须被增加到"最大最小心跳差的百分之七十五"的强度，才有效果。这种强度代表着一种安全而合理的范围。

预测个人最适当训练心率的公式：

最大最小心率差=每分钟最大心跳数-安静时每分钟心跳数　　　　　（2-6）

最大心率=220-年龄（适合青少年）　　　　　（2-7）

最大心率=180-年龄（适合中老年）　　　　　（2-8）

最适宜训练心率=最大最小心率差×N%+安静时每分钟心跳数

（N%：老年为50%；中年为60%；少年为70%；青年为80%）　　　　　（2-9）

训练结束后1~2秒就必须找出脉搏，然后马上计算10秒钟的脉搏数，以10秒钟的脉搏数乘以6，就是训练时每分钟的心跳数。

（二）训练持续时间

最初以 30 分钟为宜，随着训练水平的不断提高，时间可增至 90 分钟。训练可以先采用间歇方式，也就是较激烈地训练数分钟之后，中间穿插一些缓和的动作等。

（三）训练频率

训练频率以每周三次即可，但应持续六个月以上。

（四）训练项目

尽量选择有全身各部主要肌群参与的有氧舞蹈、成套舞蹈组合等，因为这些项目可以在相当激烈的情况下，以有节奏的方式持续实施相当长的一段时间，如 30 分钟或 1 小时均可。

在形体训练中身体会释放出许多有益的激素，这些激素能调节人的情绪和心境，增强抵抗力，有益于身心健康，所以运动是保持青春的妙方。古代医学家华佗曾说："人体欲得劳动，但不当使极耳。动摇则谷气得消，血脉流通，病不得生。譬如户枢，终不朽也。"这段话强调了运动的重要性，更说明了运动是延年益寿的良药。因此，要做到全面地养生，就应该勤于运动。

 思考与练习

一、问答题

1. 形体的含义是什么？
2. 形态的含义是什么？
3. 简述营养与健康的重要性。

二、论述题

1. 形体、形态美的评价差异是如何形成的？
2. 空乘人员形体美的标准是什么？
3. 影响形体美的因素有哪些？

三、练习题

1. 你心目中的形体、形态美的标准是什么？
2. 请根据自身实际情况，制订出适合自身状况的形体训练方案和营养方案。

第三章　形　体　训　练

课前导读

形体美是外在美的展示，在现代人的生活中，训练形体美也是塑造自我形象的重要方式之一，所以，通过一定形式的形体训练塑造符合形态标准的体态，成为越来越多人的目标。

学习目标

1. 了解形体训练的内容。
2. 了解形体训练的基本原则。
3. 掌握形体训练的方法。
4. 掌握空乘人员塑形的基本方法及注意事项。

第一节　形体训练概述

形体训练是各种舞蹈、健美体操等形体运动的延伸，它并不是简单地进行自我锻炼以达到健身的效果，实际上，形体训练有着极强的自我塑造的目的性，更多进行形体训练的人就是为了对自身的体态进行更好地打造，不惜耗费时间、精力、金钱等。形体美是人的审美追求，通过形体训练不仅能够塑造理想的姿态美、体型美、体态美，更重要的是还能塑造健康的体质，且陶冶人的情操，一举多得。

一、形体训练的内容

形体训练的基本内容是有关人的基本姿势的训练，包括基本的站立姿势的培训、手在不同的场合和情景中的放置以及脚在不同场景中的摆放练习等。人的基本姿势还包括坐、躺卧、走路、跑步的姿势等。成功的形体训练就是将各种基本的姿势训练到位，能够在不同的场合得以展现相应的姿态，没有任何违和感。

二、形体训练的分类

形体训练一般分为三类：基本的姿态训练、基本的素质训练和基本的形体控制训练。

（一）基本的姿态训练

基本的姿态训练是指通过相关的形体训练使人的坐姿、站姿、走姿、卧姿等基本姿态达到理想的效果，展现最基本的形体美感。每个人的形体都不是一成不变的，都具有很强的可塑性，在经过一定的形体训练之后，还能长时间地保持理想的形体美，稳定性也比较强。所以，形体训练的最基本的姿态练习所要达到的理想效果为：坐姿端正、站立有型、行走稳健、躺卧姿势得体。

（二）基本的素质训练

基本的素质训练是指为了顺利进行形体训练所需要做的基础性工作，基本素质训练不打好基础，进行形体训练的时候就可能出现吃力、跟不上节奏的情况。一般地，素质训练包括对人体的各个部位的训练，如对人体的腰部、腹部、手臂、腿部、肩膀、胸部等进行适当的调整和训练，以提高人的柔韧性和支撑力。在进行基本的素质训练时，也要注意不要长时间地进行训练，以免损伤韧带和筋骨，要本着从简到繁、由易到难的原则进行练习。练习时，可以单独一个人也可以带上自己的同伴进行双人练习，但进行双人练习时要注意考虑彼此的可承受度，避免因超负荷训练而发生意外情况。

（三）基本的形态控制训练

基本的形态控制训练是一项针对训练者自身形态而进行的系统化和专门化的训练，其有助于提高个人对身体形态的控制力，这项控制训练主要是通过一系列大规模的动作训练来改变身体形态的初始状态，逐渐地提升自我形体的控制力和灵活度，以形成各种正确的姿势。虽然这种控制性训练很枯燥，但要想在最后的形态训练中得到有效的保持，就要坚持不懈地参与完整的训练，按照要求完善自己的动作，严格要求自我，最后才能造就令自己满意的形体美。

形体训练对每个人的生活都是必要的，因为我们每天都在和不同层面的人打交道，我们的形体仪态是否恰当，直接影响到个人形象好坏甚至是所代表的企业或公司形象好坏。而我们所看到的日常生活中的行色各异的人们并没有都做到合适的形态展现，原因就是他们忽视了形态的重要性且没有进行适当的形体训练。

比如说，我们在工作或生活中会看到一些人含腰驼背，身体不够挺拔，走路姿势不端庄，做出令人诧异的面部表情等，这些不美观的形体仪态给人一种不舒适的感受。只有当人们对形体训练的基本内容及其重要性有了正确的认识，才能从根本上解决人们平时表现出来的形体错误。另外，动人的形体展示并非一定是外在形体训练的结果，这与人自身的内在涵养和气质也有着很大的关系，所以，在从内在修养上升华自我的同时，进行适当的形体训练就更加能够凸显优雅的风度了。图3-1为形态控制训练的场景。

图3-1　形态控制训练

第二节　形体训练的原则

形体训练作为塑造人体美的一种主要方法，训练时需要遵循一定的原则，才能达到事半功倍的效果。

一、全面性原则

全面性原则是由人的身体机能的系统性决定的。形体训练不是对身体中某个部位的训练，而是统一使身体各个部位得到协调统一的锻炼。若没有全面性原则作为指导，则很难实现各身体部位的平衡训练。

因此，我们要充分地认识到全面性原则在形体训练中的重要作用，在进行形体训练的过程中，重视训练方法和手段的多样性，不要局限于某种固定的练习方式，而要避开某一训练方式的局限性。训练时，注意协调身体的各个部位，如上下肢的协调、躯干与四肢的配合等，做到全方位锻炼。形体训练的全面性，不仅可以使人体各个部位得到协调性锻炼，处理好整体和局部的关系，还能够加强训练主体对训练的重视程度，提高其形体训练的积极性。

二、持续性原则

持续性原则是指在进行形体训练的时候，要注意保持长时间的不间断的练习，持之以恒地进行形体锻炼，不可随意中断训练。如果中途中断了练习，那么之前的练习很可能就会功亏一篑，之前的努力就会付诸东流，形体训练的持续性原则是由形体本身的系统性和联结性决定的。因此，我们在形体训练开始之前就要做好持久练习的准备，切不可半途而废，避免前面的锻炼因中断练习而没有任何成果。形体训练就像质、量互变一样，只有训练达到一定的量，才能发生质变，才能有实质性的训练效果。这就要求形体训练的教师要注意训练方法、手段的连贯性，还要提前让训练主体明确训练的持久性原则，激励他们坚持练习，早日塑造理想的体态。

三、实事求是原则

实事求是的训练原则是指进行形体训练要遵循自身的实际条件，按照自身形体塑造的实际需要进行必要的、有针对性的锻炼，也只有在尊重主客观情况的基础上进行的形体训练才能收获理想的效果。每个人的身体素质和条件都是不一样的，所以，有必要针对自身的实际情况拟定符合自己的形体训练，包括每次训练的时长、强度，训练内容、方法、手段等，都需要认真考量自身的实际情况后加以确定。除此之外，还要在训练的过程中做到目标明确，中途注意考评形体训练的成效，如果有不适的感觉或者效果不明显，可以考虑更换训练手段，选择既能够起到实际训练效果又为自己喜欢的训练方式。

四、循序渐进原则

形体训练中的循序渐进原则是指在实际的形体训练时要一步一个脚印地踏实稳健地进步，训练的目标要明确，从小目标的实现到大目标的完成，都要逐步展开，切忌过度练习，训练的内容都要由简入繁、由易到难。之所以要坚持循序渐进的训练原则，是因为我们对形体训练本身有一个认识过程，而我们的有机体对训练方法和手段也有一个适应的过程，如果企图一蹴而就，很可能收不到令人满意的训练效果，甚至还可能对自身的身体机能产生不必要的损伤。因而，在形体训练的过程中，必须注意矫正自己的锻炼方式和心态，循序渐进地展开练习，最终塑造美好的体态。

第三节　芭蕾基础训练

在所有肢体语言塑造、塑形的过程中，芭蕾基础训练是所有训练方法的基础。同时，芭蕾基础训练也是形体训练中重要的训练内容。本节重点讲述芭蕾基础训练（后面介绍中简称芭蕾基训）。

一、芭蕾基训的内容

芭蕾基训分为地面素质训练、扶把训练、中间训练等基本训练程序，是一种相对柔和的形体训练。

芭蕾基训以塑造健美的身姿为目的，适用于大部分塑身健体的人群，其基本的动作以及运动量都更适合强身、健美、塑形，所以芭蕾基训一直以来也受到广大训练主体的青睐。另外，人们确实看到了通过练习带来的成效，一般经过芭蕾基训的人不仅有效地塑造了自身的形体美，而且还增加了个人气质，为自己的形象加了不少分，这也是芭蕾基训受欢迎的主要原因。

二、芭蕾基训的功能

芭蕾基训能够矫正很大一部分不良的形体仪态问题，诸如"萝卜腿""大象腿"、"X"型腿、"O"型腿、"臀部下垂"等问题，从而改善身体气质，促进个人的身心健康。从芭蕾基训中提取的形体训练内容，如压腿、划圈、小弹腿等训练姿势，都是按照人体形体塑造的科学理念制定的，能够有效地矫正人体的一些不美观的形体表现，增强机体的柔韧性，培养形体训练主体在动作展现中的准确性以及身姿的美感和挺拔性。芭蕾基训对身体部位的矫正功能以及对形体的塑造功能如下。

（一）芭蕾基训保持肩膀端正

芭蕾基训能够使肩膀保持端正，因为在芭蕾基本训练的过程中，要求受训者的颈部必须保持一个上挺的姿势，然后肩膀自然下垂，这样的姿势训练有助于颈部肌肉和颈椎的锻炼，长时间进行这个姿势的练习可以有效地改善肩部的病症。芭蕾基训还对驼背有矫正效果，尤其是学生和上班族白领等出现驼背的情况比较多，主要是其长期保持习惯性的慵懒坐姿而没有进行矫正训练导致的，而芭蕾基训能够在很大程度上加强背部肌肉的力量，增加背部脂肪的消耗，调整颈椎的角度和姿势，改善背部的疾病，使身体更加挺直。

（二）芭蕾基训塑造"小蛮腰"

芭蕾基训还可以塑造"小蛮腰"，让身体看起来更加有型。因为在训练的过程中，存在挺胸收腹的姿势，收腹的动作可以使腹部的肌肉更加紧致，有利于脂肪的燃烧，从而使腹部的肌肉更有弹性，所以，收腹挺胸的姿势训练也能够让整个人更加挺拔、健美，有精气神。

（三）芭蕾基训提高臀线

芭蕾基训还有提高臀线的效果，一般情况下，如果一个人的臀部下垂的话，就会显得腿比较短，从而使整个身体比例不够协调，而芭蕾基训能够使臀部肌肉紧绷。在训练中经常保持提升臀部的动作，有利于臀部肌肉的锻炼，塑造优美的臀线，使上下身看起来比例协调，给人以舒适感。

（四）芭蕾基训上提骨盆

芭蕾基训还有骨盆上提的功效，一般人的骨盆有向下倾斜的走向，而若是经常进行芭蕾的基本训练，就会从视觉上给人骨盆向上提升，和大腿保持在同一条直线上的感觉，体现出腿部以及整个身体的线条美。

（五）芭蕾基训健美小腿

芭蕾基训还可以健美小腿，让小腿与大腿的胖瘦协调一致，更加修长、有力量，动人。做芭蕾的基本练习，可以有效地锻炼肌肉的力量，使肌肉更有弹性，有助于延缓衰老，还有利于提升人的自我控制力以及身体各部位的协调能力。

三、芭蕾基训的两个阶段

（一）芭蕾基训基本动作的训练

在进行芭蕾基训的初始阶段，首先要进行一些初级的芭蕾基训动作的练习，这样的准备性工作可以使身体的各部位得到舒展，为之后进一步的形体练习打好基础。芭蕾基训练习包括压腿、扶把练习、调整姿势，每一个阶段的练习都有助于身体姿势趋向于挺拔优美。

例如，压腿这项芭蕾基础性的动作练习，有助于血液的流通、循环，放松肌肉，减少肌肉紧绷感，减缓疲劳，最后有助于练就柔美的肌肉线条。芭蕾基训中的扶把练习主要就是帮助训练主体把握重心的，因为如果重心不稳，在接下来的芭蕾基训中就无法顺利地进行下去，后面的形体动作与重心的平稳性有很大的关系。

（二）芭蕾基训姿态的训练

对芭蕾基训中的具体姿态进行调整，如站立的姿势（见图 3-2）中，训练主体要能够使肩膀保持下垂的状态，这样才可以显现出胸部和颈部的线条美，同时，在训练中对腿部的姿态也有详细的要求，腿部要保持挺立、收紧、有力，最终才能塑造美观的腿型。芭蕾基训除了对形体的塑造有很好的效果外，还有利于减肥，如果想通过科学健康的方式达到形体仪态的塑造，芭蕾基训不失为一项理想的选择。

在芭蕾基训时，要注意动作的标准、准确到位，以免达不到理想的塑身健美的成效。另外，每个人最初的身体条件是有差异的，所以要根据自身的条件制订合适的芭蕾形体训练动作，训练的强度和难度也要因人而异，这样才能达到最好的效果。同时，在训练的时候，还要注意其他生活中的调节事宜，如保持稳定的饮食规律等，这对芭蕾基训取得良好的效果也是非常有帮助的。

图3-2　芭蕾基本站姿

第四节　形体基本训练

形体基本训练是指对身体各个部位的锻炼、塑造，如锻炼头部、肩部、背部、胸部、腹部、腿部、脚部等部位的柔韧度，塑造富有美感的身体线条。

一、形体基本部位的训练

（一）头部

头部的练习对整体的形体训练有着很重要的作用，头部练习不到位会影响整体的形体美。头部练习包括屈伸、绕颈环绕、左右前后伸展等，可以保持头颅高昂，给人自信之感。

（二）肩部

肩部的练习方式比较多，可以根据个人具体情况选择更方便的训练方式。在专业教室可以双臂伸直放在把杆上，头抬起，腰部向下，两腿蹬直，向下压肩。还可以两个人相互拉肩：一个人两臂伸直举过头顶，双手相握，另外一个人一手推住肩部，一手抓住双手，向后拉。

（三）背部

背部的训练主要是为了防止驼背，使整个躯干更挺直，可以结合肩部和手臂的练习进行，如通过肩部和手臂的扩展运动，可以使背部挺拔。

（四）胸部

胸部的训练是塑形的重要组成部分，尤其是女性朋友，挺拔有型的胸部可以提升整体的自信感，可以从整体的身体塑造看出线条的美感。可以进行一些徒手练习，也可以借助一些器具进行练习，锻炼胸部的肌肉弹性和线条。

（五）腹部

腹部的练习，首先是减掉腹部的脂肪才可以进行下一步，腹部的训练可以通过仰卧起坐的方式进行，还可以通过腹部的扭转训练进行，平时还要提醒自己多进行收腹或者一些有利于腹部肌肉锻炼的健美操等。

（六）腿部

腿部的练习主要有压腿、搬腿、踢腿、劈叉等，可以使腿部挺直有型。站立时，腿部能够完美并拢，才能感觉到腿部的线条美，所以要通过训练使大小腿和双膝都可以正常并拢。

（七）脚部

脚部的练习主要是为了步伐的稳健和美感，在训练的时候，双脚要保持在同一条直线上，脚尖可以偏离直线 10°的范围，走路时，目视前方，挺胸抬头，为了能稳步行走，可以在头上放置一个简易物品，然后双肩持平，手臂自然下垂摆动。动人的步伐可以通过华尔兹步伐得以实现。

总之，身体任何一个部位的形体塑造，都要持之以恒地坚持练习，才能达到理想的效果。

二、形体训练的作用

（一）促进人体脑部和神经系统的良好发展

形体训练对人体脑部和神经系统的良好发展也可以起到重要的作用，通过一定时间的形体训练，可以使神经系统更加敏捷，同人体中各个器官的协调更统一，对内外部的适应能力也会更强，提升人的思维运转速度、理解能力、记忆力等，使人脑更加聪明，从而焕发生命的活力。

经常性的形体训练还可以提高心血管系统的功能，因为在运动的时候，人的心率比平时快很多，心脏搏血量也会增多，这样能够有效锻炼心脏的力量，因此有助于心脑血管系统功能得到有效的提升，有益于人体的健康。

（二）促进现代人对形体美的不断追求

形体训练从一定程度上讲是现代人对美和健康的一种追求。爱美之心人皆有之，而不同时代大家对美的概念理解不同，做出的举动也不同。在当今社会，人们追求美的同时也要保持健康的体魄，而形体训练便符合了当今人们对美和健康的定义，所以，我们到处可见一些体操训练班、健身班、游泳班等的小广告出现在大街小巷，这正是时代对美和健康的诉求和印证。

（三）促进自我综合价值的提升

对美和健康的追求会从很大程度上提升自我的综合价值。社会的不断发展，实际上映射着个人的持续发展，只有在人人都得以全面发展的基础上，社会的发展才可以实现，而形体训练就是人们促进自身发展，为自身综合素质提分的重要手段。健美的形体不仅给人以外在的美感享受，还可以从内在增加自我气质，有助于培养高尚的情操，逐渐地为自己的综合素质改善奠定优良的基础，从而提升自我的综合价值。

（四）促进自我个性的塑造

形体训练还可以塑造自我个性。个性是一个人同其他群体得以区分的重要特征，也是一个人自我魅力的彰显，通过形体训练可以按照自己对个性的看法改善自己的体型，提升自我形象，塑造完美的个性。

（五）促进人们幸福健康的生活方式的形成

形体训练有利于人们幸福健康的生活方式的形成。在现代社会，每个人都有自己的岗位和工作，工作、生活压力都比较大，一定的形体训练不仅能改善个人的形体，还可以帮助人放松心情，舒展身心，因此，形体训练是一种非常能够促进身心健康和丰富业余生活的锻炼方式，而健康幸福的生活方式可以间接地影响工作效率，对我们每日的顺利工作也是十分有帮助的。

（六）促进人们审美能力的提升

形体训练还能够提升和培养审美能力。在进行形体训练的时候，每个人都是按照美的标准塑造自己的，但实际上在进行形体训练前，很多人对美的定义是不同的，只有当身处实际的形体训练中时，才能看到真正的形体美的效果，也才真正地提升了对美的鉴赏力。

三、形体训练的方法

形体训练的方法有很多，这里主要介绍形体舞蹈、民族舞蹈、瑜伽、普拉提、健身健美操几种基本的形体训练方式，每一种形体训练手段都各有其特点，根据不同的需求和爱好选择让自己满意且感兴趣的锻炼方式也是非常重要的。

（一）形体舞蹈

形体舞蹈是指舞蹈形体训练，它主要是通过制订科学的训练方式使人体的各个身体部位进行有益的动作练习，造就标准的形体动作，以达到美的效果。舞蹈形体训练是具有科学依据的形体训练方式，是根据人体的结构和美学的相关原理来制订的综合性的训练方式，其将外在美和内在美的培养结合在一起进行，改善肌体、增强体质的同时也促进了形体美和审美能力的提升，最终使人获得健美的身姿和优雅的体态。

舞蹈形体训练主要包括两方面的内容：一方面，采用科学的训练方式，改造训练主体原有的形体状态，尤其是改善存在问题的动作状态，提升整体的柔韧度，增强灵活度，逐步造就训练主体的体态美和动作美；另一方面，舞蹈形体训练基于美学的理念，将训练主体的审美情趣提升到一定的程度，使其善于发现美、识别美、创造美，由表及里地提升其高雅的情操和气质，再由内而外地展现自我的优美形体。

（二）民族舞蹈

民族舞蹈也是很受欢迎的一种形体训练方式，它主要来自于人们生活中的肢体语言，是少数民族日常生活的一种抽象体现,与各民族的生活习俗和生活方式以及居住的环境都有一定的关系。正是民族舞蹈的特性吸引了对少数民族充满向往的人参与到形体训练中来。人数居多的汉族人群对少数民族的了解相对而言还是比较少的,通过民族舞蹈的形体训练还可以加深对其民族文化的了解,也不失为一件有趣的事,当然,对受训者吸引力最大的还是民族舞蹈的形体练习的有效性。民族舞蹈的肢体动作各具特点,但无论哪个民族的舞蹈,都能够对身体的各个部位进行有益的锻炼,增强肌肉与骨骼和关节的协调性,锻炼肌肉的弹性,塑造身体和谐均匀的比例,造就动人的体型。

(三)瑜伽

瑜伽是形体训练中较为大众化的方式之一,其基本动作也比较容易掌握。通过瑜伽练习能够有效地改善情绪,促进身体健康,达到身体与灵魂的和谐统一。在进行瑜伽训练的时候,要注意事先热身,舒展身体,这样才能在练习中使动作更加标准。在练习时,若是感觉动作难度较大,可以先做简单的动作,重复简单的动作,当身体进入状态后,再进一步变换姿势。瑜伽的形体训练就是在标准的动作中进行的,若动作姿势不够标准,那形体训练的效果也不会太好,但标准的动作需要在长时间的练习中慢慢形成,因此,瑜伽形体训练讲究耐性,一定要坚持训练,才能领悟其中的精华所在。而且瑜伽练习涉及身体的各个部位,所以训练者首先要对自己的身体部位有个大概的了解,以免在训练的过程中出现什么差错,造成身体上的伤害。

(四)普拉提

普拉提作为一种形体训练手段,可以从深层锻炼人体的肌肉,赋予其灵活性和弹性,对姿态和身体的平衡调节能力也比较强,对身体各个部分之间的配合协调能力能够进行有效的锻炼,而且对神经系统和人脑都具有较好的锻炼效果。具体来讲,普拉提的形体训练方式可以使肌肉伸展,形成优美的线条,而且这项训练讲究刚柔并济,所谓的"刚"就是指肌肉的锻炼,而"柔"就是指动作和呼吸的协调。此外,普拉提的形体训练对人身体上的一些病症还有很好的治疗效果,如便秘、身体臃肿、肩酸背痛等。这种训练方式不容易对身体机能造成损伤,属于偏温和的训练手段,能够塑造柔软的躯干和脊背,若有时间,可以每天坚持练习,不用担心对身体造成损伤。普拉提的训练方式还可以有效地舒缓紧张的心绪,放松心情,释放压力,增加活力。

(五)健身健美操

从体育概念上讲,健身健美操是指融基本体操、中国戏曲、各国舞蹈、武术动作精华及各国气功健身理念于一体,以衔接自然的操化动作为基本内容,以符合人体生理结构特点、符合身体运动规律的身体练习为基本手段,以有氧运动为生理基础,在音乐伴奏下通过徒手、手持轻器械、固定器械或在特殊场地进行练习的一项体育运动项目。它具有相对稳定的运动负荷,集"健、力、美"于一身、是体操、舞蹈、音乐三者有机结合的产物,是人体体能、姿态、形体、力量、柔韧性、协调性、韵律等综合能力的展示,内容丰富、变化多样。其音乐动感明快、风格各异，令人振奋，不仅能够塑造美的形体、锻炼强健的体魄，还能够陶冶美的情操。按照练习的目的和任务，健美操运动可分为健身健美操和竞技健美操两大类。健身健美操具有的大众性、安全性、娱乐性等特点，针对性比较强，符合大众的锻炼需求。

第五节　空乘人员形体训练

对空乘人员不只有美的要求，还有身体素质的要求。在飞机航行途中，不可避免地会遇到各种突发事件，如气流引发的颠簸、乘客偶然生病等，都需要空乘人员及时处理。形体训练是空乘人员维护形体、保持体能经常运用的方法。

一、形体训练对空乘人员的作用

（一）形体训练可以塑造空乘人员的形体和体态

形体训练可以帮助空乘人员改变不良姿势，塑造美观的形体和体态。空乘人员也不是先天就拥有完美的身体素质，尽管大部分空乘人员的先天条件都是比较突出的，但其展现给我们的优雅气质也是经过一定时间的形体训练和仪态仪表的训练才造就的，后天的锻炼对空乘人员的影响是非常大的，所以，形体训练有助于改变某些空乘人员的不良姿态，如驼背、"X"型腿等。有不良姿态的空乘人员必须在进行航空服务前通过形体训练加以改善，塑造的形体合格后，才能被允许上岗。

（二）形体训练可以提升空乘人员的自信和气质

做了空乘人员，还是需要进行形体训练的，因为任何人都无法保证在未来的生活中，体型不变，姿态永久保持良好。很多情况下，空乘人员优雅的气质来自于形体训练中的芭蕾形体训练，尤其对个人高贵而优雅的气质培养有极强的效果。自信心十足的空乘人员能够对乘客保持高质量的服务，时刻以微笑面对乘客，不仅给乘客带来愉快舒适的旅途体验，也给自己的工作带来正能量，使工作更加顺心。

（三）形体训练可以提升空乘人员的体质和素质

形体训练可以帮助空乘人员增强体质，使其保持良好的身体素质。空乘人员在业余时间进行形体训练，能有效锻炼身体的柔软性、灵活性，改善身体器官的新陈代谢能力，增强身体素养，这样不至于在工作中出现体力不支的情况。

二、空乘人员形体训练的内容

空乘人员除了要进行前面所讲的芭蕾基本训练和形体基本训练之外，还需要针对形体力量、柔韧性、协调性加强锻炼，以具备优良的形体状态，更好地适应客舱服务。

（一）力量的训练

由于空乘人员工作的特殊性，空乘人员在服务的过程中是需要有一定的体力支持的。空乘人员可以通过适当的器械训练来加强各部位的肌肉锻炼，以保证身体有较强的耐力。

（二）柔韧性的训练

空乘人员在特殊的工作环境中有可能会遇到各种特殊的事件，特别是发生安全事件时，更需要他们的行为动作敏捷、协调，这样才能保证处置程序的顺利完成。空乘人员可以通过基本的把上和把下的腿部、手臂、肩背、腰部等不同部位的拉伸练习来训练自己身体的柔韧性。

（三）协调性的训练

客舱服务中，不仅要求空乘人员服务技能熟练规范，还要求其动作协调优雅。空乘人员可以选择难度适当的舞蹈、瑜伽、健美操等形式进行训练，这样不仅可以很好地锻炼身体的协调性，还可以提升空乘人员的外在气质，从而体现出良好的职业形象。

总之，形体训练对空乘人员来讲是非常重要的，服务过程中动人的体型和姿势不仅是对自己的工作负责，也是对乘客的尊重。未来航空企业之间的竞争在很大程度上就是服务水平的竞争，也可以说是空乘人员之间的竞争，因此，空乘人员有必要通过形体训练的方式塑造靓丽的自我形象，提升自我竞争力和服务水平。

思考与练习

一、问答题

1. 基本的形体训练方式有哪几种？它们的优势各体现在哪里？
2. 形体训练对现代人身体健康的意义和价值体现在哪里？
3. 身体各部位力量与柔韧性训练的内容有哪些？

二、论述题

1. 如何确定适合自己的形体训练方式？
2. 形体训练对空乘人员的重要性体现在什么地方？

三、练习题

设计合适的方式训练自己身体各个部位的力量与柔韧性。

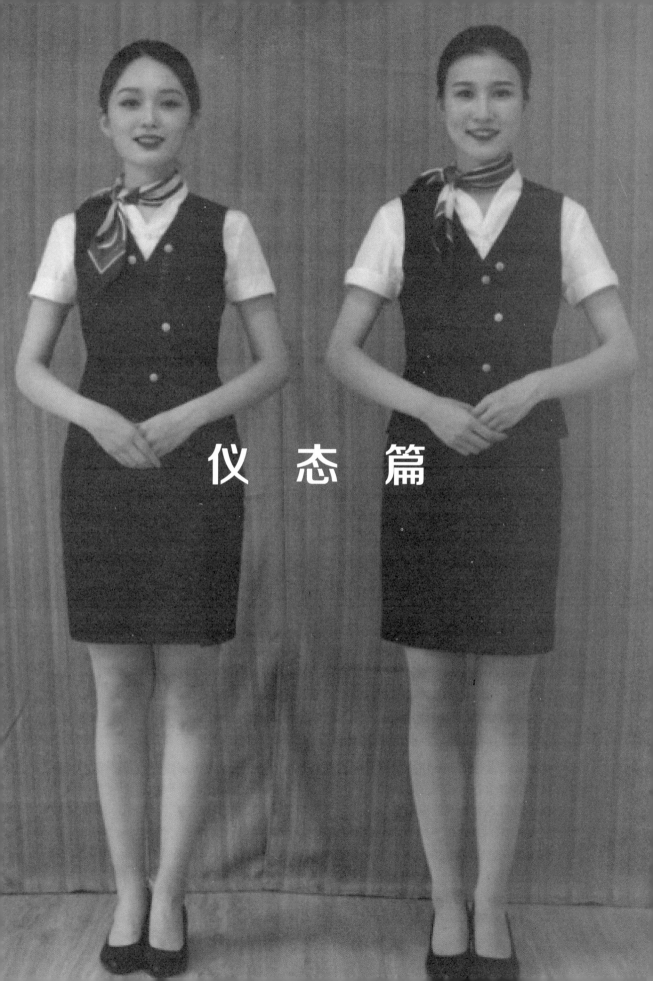

仪 态 篇

第四章 仪态美

 课前导读

　　一个人的仪态决定着一个人的风度与气质。影响人仪态美的因素有外在的也有内在的，而遗传、姿态习惯不佳以及后天的教育与修养都将对一个人的仪态美产生影响。空乘人员的仪态美是空乘服务中所必备的素养，通过有针对性的专业训练，全方位地培养良好的仪态习惯，才能塑造出空乘人员的仪态美。

 学习目标

1. 了解仪态美的内容。
2. 理解仪态美的内涵。
3. 懂得如何塑造空乘服务中的仪态美。

第一节　仪态美概述

承信身长八尺，美仪表，善持论，且多艺能。

——《宋史·杨承信传》

一、仪态美的含义

　　仪态，又称"体态"，是指人在空间活动中变化的身体姿态和风度。姿态是身体所表现的样子，风度则是内在气质的外在表现。

　　仪态美是指人的仪表、举止在活动中所呈现出来的优美姿态和风度，具体指一个人优雅的举止，包括日常生活中的仪态和工作中的举止。

　　仪态美是人类把自身作为审美对象进行自我审视，并按照美的规律进行自身改造的结果。仪态美建立在一个人的内在美，即心灵美的基础上，并且能准确地将心灵美表现出来。如果没有心灵美，就很难有真正的仪态美；而如果离开了仪态美，心灵美同样也难以得到展现。

　　美国著名心理学家艾伯特·梅拉比安教授曾经提出过这样一个公式：人际交往的信息表达＝说话内容（7%）+语气语调（38%）+肢体语言（55%）。这个公式表明，通过一个人的仪态、姿势、表情等肢体语言可以了解其内在素质和思想情感，而这种了解往往比通过语言得到的了解更加值得信赖，同时也强调了人的仪态美在人际交往中的重要性。人们可以通过自己的仪态向他人展现自己的学识与修养，并与其交流思想，向其表达感情。

二、仪态美的构成

仪态美是由仪表美、仪姿美和修养美构成的。

（一）仪表美

仪表美包括容貌美、形体美和修饰美。仪表美是人类把自身作为审美对象进行自我观照，并按照美的规律实现自身外在改造的结果。容貌美是人的面容、肤色和五官的美，它是仪表美中最显露的部分，因而占有重要地位；形体美是人的整体形态的美，是仪表美的基础，所谓"仪表堂堂"，实质上就是指美的形体；修饰美对于容貌美、形体美具有不容忽视的作用，因而是构成仪表美的重要组成部分。

（二）仪姿美

仪姿美包括姿态美、体态美和举止美。如果说人的仪表美是人体的静态美的话，那么仪姿美则是人体的动态美。姿态美是指人的身体各部分在空间活动中呈现的外部形态的美。体态美是可以通过后天的学习和训练得到的。一个人即使有出众的容貌和身材，如果没有良好的姿态，举止不端，体态不雅，也不可能具有仪态美。

（三）修养美

修养美包括良好的道德品质、文化素质、性格等。追求仪态美除了要注意按照美的规律进行锻炼和适当的修饰打扮外，更为重要的是自身的内在修养，没有内在的修养美，就不会具备仪态美。

第二节　仪态美的内容

论起美来，状貌之美胜于颜色之美，而适宜并优雅的动作之美又胜于状貌之美。

——培根

一、仪表美

人的仪表美包括容貌美、形体美和在这两者基础上通过装束打扮而获得的修饰美。

（一）容貌美

容貌美是仪容礼仪的重点，修饰仪容的基本原则为美观、整洁、卫生、得体。容貌的修饰美是指依照规则、场合与个人条件，对仪容施以必要的修饰，扬长避短，塑造出美好的个人形象，这在人际交往中是非常必要的，这样做一方面可以增加自己在人际交往中的自信，另一方面可以给人以美的享受。在人际交往的过程中，对自己做必要的修饰是一项基本礼仪。

容貌的内在美是容貌美的最高境界，它是指通过个人努力不断提高个人的文化、艺术素养和思想、道德水准，培养出自己高雅的气质与美好的心灵。

真正意义上的容貌美，应当是容貌修饰美和容貌内在美的高度统一，忽略其中任何一个方面，都会使容貌黯然失色。

容貌美的基本要求如下。

1. 讲究个人卫生，树立整洁利落的形象

个人卫生可以反映一个人的基本素质，体现社会的文明程度。讲究个人卫生是良好的个人仪容所必须具备的基本要求。个人卫生主要包括面容清洁、口腔清洁、头发清洁、手部清洁、身体清洁等。

在任何场合，我们都应该注意讲究个人卫生，做到勤洗头、勤洗澡、勤修指甲，男士要勤修面，切忌身体有异味、皮肤表层或指甲有污垢等。在口腔清洁方面，养成勤刷牙、勤漱口的好习惯，在工作前，不应食用葱、蒜、韭菜、酒等有异味的食物，以免引起他人反感；在服饰方面，注意勤洗勤换，塑造整洁利落的形象。

2. 注重提高个人修养，塑造仪容内在美

容貌美是人的内在美与外在美的统一。真正的美，应该是个人良好内在素质的自然流露，是人的思想、品德、情操、性格等内在素质的具体体现。正确的人生观和人生理想、高尚的品德和情操、丰富的学识和修养构成一个人的内在美。一个人如果只有美丽的外表，而没有内在的涵养作为基础，就会让人感到矫揉造作，让人有"金玉其外，败絮其中"的感觉。

（二）形体美

概括地讲，人的形体美应该是"健、力、美"三者的结合。从外部形态来看，形体美要具备三个条件：骨架美，即人体各部分比例匀称；肌肉美，即人体肌肉完美发达，富有弹性，充分体现人体形态的强健协调；肤色美，指皮肤红润、细腻且有光泽，可体现出人的精神面貌和气质。

（三）修饰美

修饰是构成仪态美的重要因素，正确的着装、协调的服装饰物使装扮和容貌形成一个和谐的整体。俗话说，"三分长相，七分打扮"，这是有一定道理的。服饰的美，不仅能反映出人的品格和审美趣味，更重要的是它对人体具有"扬美"和"抑丑"的功能。如果对服饰加以科学而巧妙地运用，就会使其与人体构成和谐的美，起到锦上添花的作用，达到相得益彰的效果。

事实上，人们在长期的社会实践中往往会借助服饰的色调和款式对自身形体的某些优点加以突出。就抑丑作用来说，服饰色彩、式样与图案的变化，在光的作用下会使人产生视觉错觉，这对弥补或遮掩形体的某些缺陷的作用不可否认。人有肥瘦高矮，色有深浅浓淡，图案有圆横曲直，款式有华朴宽窄，在衣着上，什么体型选择什么颜色、纹样与款式，应该遵守一定的美学法则，这样有利于扬长避短，或者说扬美抑丑。

鲁迅先生曾对着装做过一番评论，认为人瘦不宜穿黑衣裳，人胖不适合穿白衣裳；长脚的女人要穿黑鞋子，短脚的要穿白鞋子；胖子要穿竖条子衣服，瘦子要穿横条子衣服。这说明人形体的表现效果与服饰的色彩和图案有着密切的关联，揭示出服装对形体的美化与丑化效能。

对于空乘人员来讲，在服饰上要尽量求得和谐、入时、端庄、雅致和整洁，要力避标新立异或一味模仿，即不顾自身条件而盲目追求西方的服饰风格，既不应搞得过于土气，也不宜装扮得过于妖艳。因为从职业的审美角度考虑，空乘人员借助服饰过多地炫耀自身反而会产生一定的消极作用。

值得说明的是，服饰美不仅指服装美，也包括妆容美。自古以来，面部作为形象美、仪表美的焦点，一直受到人们的重视。《韩非子·显学》写道："故善毛嫱、西施之美，无益吾面，用脂泽粉黛，则倍其初。"意思是说，长相虽无美人毛嫱和西施那样漂亮，但如果用粉黛胭脂打扮一下，就会比自己原来的容貌好看。

总体而论，化妆艺术的全过程包括面部涂抹脂粉、嘴唇点缀口红和眉眼描画点染三个相互关联的环节。从美容效果来看，如果忽视了个人差异（肤色、脸形、嘴形、眼形、年龄、性格、职业等）、服装特征（款式、色彩、风格等）和时空因素（时间、环境、场合等），随意地"浓妆艳抹"，就不会"总相宜"了。应当从整体美的原则和工作性质考虑，因人、因衣、因时、因地进行适应性化妆，以期取得和谐、含蓄的审美效果。

二、仪姿美

人的仪姿美包括姿态美、体态美和举止美。

（一）姿态美

姿态主要表现在站、坐、行、卧等方面。这几种姿态有形象的比喻："站如松""坐如钟""行如风""卧如弓"。"站如松"是指头、颈、躯干、脚的纵轴在一条垂直线上，挺胸、收腹、梗颈；"坐如钟"是指端正的坐姿，挺胸、收腹、肩平、头正、目视前方，四肢摆放规矩；"行如风"是指正确的走姿，轻盈灵巧、平稳、协调，步伐均匀；"卧如弓"是指良好的卧姿，右侧弓卧，全身放松，手脚摆放自然。

姿态美（见图 4-1）应当是灵活而不轻浮，庄重而不呆滞。要消除不对称的身体姿态，创造人体和谐美，姿态动作落

图4-1 姿态美站姿

落大方。

（二）体态美

体态语是一种表达和交换信息的可视化符号系统，它由人的面部表情、身体姿势、肢体动作和体位变化等构成。心理学家认为，无声语言所显示的意义要比有声语言深刻得多。体态语言，在传递信息过程中发挥着重要的作用。

表情是内心情感在面部的表现，是体态语言的一种。表情是人与人之间互相交流的重要形式之一。

体态语言具有形象性，其以生动直观的形象告诉别人自己所要表达的意思。形体动作使人们的交往更富有表达性和渲染性。体态语言还具有约定性，即形体被赋予了他人所能理解的含义，有约定俗成的意思，例如，"摇头否定点头肯定"，这在许多国家和地区能被不用语言的人所理解。体态语言本身不是表达的主要手段，但它可以起到辅助的作用，能使表达更充分，更富有感情色彩，更有感染力。

（三）举止美

举止是指一个人的姿态和风度，是指除坐、立、行以外的交际行为，指身体的姿态、手势、待人接物的方式等。可以说，一个人的举止就像一面镜子，能反映出他的文化内涵、知识水准和道德修养。在生活中，无论男女都要在举止上体现出个人的风度、气质。男性要具有阳刚之美，表现男子汉的刚劲、强壮、威武，但阳刚之气不等于粗野和骄横；女性应举止优雅，表现出轻柔、亲善、友好，注意大方得体，又不可扭捏作态。人的举止可以展现人类所独有的形体之美，如图4-2所示，体现了空乘人员的举止美。

图4-2　举止美

三、修养美

人的修养包括道德品质、性格气质、文化素质和礼仪素养等。如果说仪表美和仪姿美是人的外在美的话，那么修养美则是人的内在美。

人的仪态美是外在美和内在美的综合体现。追求仪态美，一是要注意按照美的规律进行锻炼和适当的修饰打扮；二是要注意自身的内在修养。因为人的仪表美和仪姿美在很大程度上是人内在心灵美的自然显露，所以，比较而言，修养美要比仪表美和仪姿美更为重要。

第三节　空乘人员的仪态美

从仪态了解人的内心世界、把握人的本来面目，往往具有相当的准确性与可靠性。

——达·芬奇

训练有素的、优美端正的仪态具有很大的魅力，也是树立个人良好形象的基本要求。在人的各种姿态中，坐姿、站姿、走姿是最基本的，古人所说的"坐如钟""站如松""行如风"，就是对仪态美的形象概括。空乘人员必须掌握各种姿态的基本动作要领，做到身体挺拔端正、舒展优美，充分展现空乘人员朝气蓬勃、积极向上的精神面貌。

一、空乘人员的仪态要求

空乘人员的仪态包括空乘人员的容貌、姿态、服饰和个人卫生等方面，它是空乘人员精神面貌的外观表现。

由于人的性格、气质不同，内在修养不同，行为习惯不同，每个人以个人良好的文化素养、渊博的学识、精深的思维能力为核心，形成一种非凡的气质。良好的风度需要花费很长时间来培养和锻炼，尤其作为一名合格的空乘人员，更需要在长期的飞行中促进自身文化素质的提高、良好性格的培养和自身修养的提升，将外在美和内在美相结合，形成空乘的气质。

空乘职业对男士的最基本要求是应养成每天剃须的良好习惯，对女士的要求如下。

（一）女士面容

（1）空乘人员在执行航班任务时的妆容应以淡雅、清新、自然为宜。在飞行过程中应注意随时补妆，这样可以呈现给旅客一种饱满的精神状态。图 4-3 为空乘人员正在化妆的情景。

（2）空乘人员在面部修饰时要注意卫生问题，认真维持面部的健康状况，防止由于个人不讲究卫生而使面部长满痤疮的情况出现。

（3）注意面部局部的修饰，保持眉毛、眼角、耳部、鼻部的清洁，不要当众擤鼻涕、挖耳朵。

（4）注意口腔卫生，坚持刷牙、洗牙，在上飞机的前一天不吃带异味的食物。

（5）注意手部的美化，手和手指甲应随时保持清洁。要养成

图4-3　空乘人员化妆

勤洗手的好习惯，尤其在飞机上进卫生间后一定要洗手；手上要经常擦润肤霜，以保持手部的柔软；要养成经常剪指甲的好习惯，不要将指甲留得过长，给旅客一种不卫生的感觉。

（二）女士服饰

服饰是人体的外在包装，它包括衣、裤、裙、帽、袜、手套及各种服饰。服饰是一种无声的语言，它体现着一个人的个性、身份、涵养以及心理状态等，一定程度上可以代表一个人的品格。空乘人员必须对个人的服饰予以重视，它关系到个人和航空公司的形象。在飞机上，空乘人员必须遵守航空公司有关服饰的规定，做到飞行时按规定着装。空乘人员在着工作服时，应保持工作服干净整洁，每次上飞机前，应将工作服熨烫平整。工作装不允许出现皱纹、残破、污渍、异味等，干净整洁的服装会给旅客带来清新舒服的感觉。

二、空乘人员常见的对仪态美认识的误区

（一）审美观的错位

美是人类社会实践的产物，是人类积极生活的体现，是客观事物在人们心目中引起的愉悦的情感。审美观是世界观的组成部分，它是在人类的社会实践中形成的，和政治、道德等其他意识形态有密切的关系。在不同的时代，信奉不同文化的人或不同社会集团的人具有不同的审美观，作为一名空乘人员，如果审美观脱离了所处的时代、文化和企业背景，那么他展现出来的美是不会被社会和乘客所接受的。因此，空乘人员应当注重自身文化知识的积累，提高自身的审美素养，从而适应社会的需求。

（二）盲目追求潮流

在日常生活中，我们经常会发现一些人对于审美是随波逐流的，他们认为大多数人的审美观即自己的审美观，例如，盲目地塑身锻炼、追求流行潮流的服饰等。其实，每个人的美应当是有个性的、适合自己的，只有适合自己的才是最美的。一个人的个性就是一个人的整体精神面貌，是一个人区别于他人的，在不同环境中显现出来的相对稳定的，影响人的外显性和内隐性行为模式的心理特征的总和。

（三）不注重环境与美的关系

美是相对的，在不同的环境和场合下是有所不同的。例如，在舞台上表演是夸张的，在课堂上上课是端庄的；在家中是休闲随意的，在野外郊游是活泼且潇洒的；在职场上要端庄而有亲和力；等等。如果这些行为脱离应有的环境，就可能会给人不美的感觉。

（四）只重视外在美而缺乏内在修养

外在美是仪态美的基础，但如果空乘人员只注重自己外在美的修饰，而不注重自身内在修养的提升，那这种美只能是暂时的，会随着年龄的增长而不复存在。

三、空乘人员仪态美的养成

要培养一个人的仪态美，首先应当理解什么是美。只有树立正确的审美观，提高认识美、评价美、感觉美、鉴赏美、享受美、表达美、创造美的意识和能力，才能提升其内心之美，进而塑造仪态美。

空乘人员应具有的仪态美是一种复合的美，是一种通过后天努力得到的悦目、健康的知性美，它不会随年龄的改变而消失，反而会在岁月的磨炼下日臻醇厚。

（一）空乘人员应提高自身修养

修养美是个人仪态美的重要因素。修养是指一个人的知识、艺术和思想等方面达到的水平，通常也是一个人综合能力与素质的体现。换句话说，如果个人礼仪的形成和培养需要靠多方面的努力才能实现的话，那么个人修养的提高则要靠自身。

良好的修养对加深人际沟通，提高人格魅力有着举足轻重的作用。

1. 做一个有教养的人

教养的基础是理解和尊重他人。教养是文明规范，是文明社会的道德基石，是表现在行为方式中的道德修养状况，是社会影响、家庭教育、学校教育、个人修养的结果。良好的教养，有助于人们获得社会认可和幸福生活，有助于人与人之间创造积极和谐的社会关系，也有利于表现良好的公共形象。

教养是善待他人，善待自己。做一个有教养的人，认真地关注他人，真诚地倾听他人，真实地感受他人。有教养的人不会在公共场合大声喧哗，不会破坏公共设施，不会在公共区域随意丢弃废物。

教养与习惯紧密相连，良好的习惯久而久之会成为自觉的行为，内化为教养。要做到有教养，应该从培养良好的习惯开始。

有教养的人是令人尊敬的，让人愉悦的。有教养的人说话有分寸，对人不尖酸刻薄，不会贪图小便宜。有教养的人在公共场合端庄大方，举止得体，不做作，不轻浮，有爱心并善于表达情感，常常赞美和祝福他人。

2. 做一个懂得爱的人

一个人一定要真心爱自己。爱自己，并不是盲目地自恋，而是能真正地认识自己，坦然接受自己的一切，不管是优点还是缺点。真心爱自己的人懂得快乐的秘密不在于得到更多，而是珍惜现在所拥有的一切。具有这样心境的人，对生活、环境、周边的人，会自然流露喜悦之情，感动自己，感染他人。

心理学研究表明，要想别人爱自己，首先培养自己爱自己的特性。心情可以长久地影响一个人的容貌，心情的好坏，看上去源自自身以外的烦恼，事实上体现的是自己对生活的态度和控制力。

3. 做一个心智成熟的人

书籍是人类智慧的结晶，读书是提升修养的重要途径。读书，特别是阅读那些出自大师之手的书籍，就是一次与大师的对话，智慧就在对那些经典之作的阅读中自然获得。

人的心智需要滋养，如果你关注它，对它持续不断地滋养，它的成长就是健康的，否则心智也会像人的肌体一样萎缩和退化，因此，要用知识丰富内心，使它健康、强大，不断成熟。

（二）空乘人员应在审美教育中提高审美素养

审美素养是指人所具备的审美经验、审美情趣、审美能力、审美理想等各种因素的总和。审美素养既体现为对美的接收和欣赏的能力，又转化为对审美文化的鉴别能力和创造能力。每个人的审美素养都不是先天具备的，都是在长期的艺术欣赏实践中逐渐形成的。空乘人员对美的塑造是全方位的，可以通过提高个人的文化艺术素养、提高审美眼光、提高鉴赏文化艺术的水平、提高个人的品位等形成正确的审美观。

空乘人员要提高审美素养，可以从以下几个方面努力。

（1）要多读书，多听音乐，多看各种艺术展示，多接触各种艺术形式，如舞蹈、音乐、插花、茶道、绘画等。只有在博览的基础上，才有可能辨别优劣，培养认知美的能力，提高审美素养与审美能力。

（2）提高艺术修养要树立正确的世界观。世界观同人们的整个精神世界——心理状态、道德观、艺术趣味、审美能力等紧密地联系在一起，如果没有正确的世界观作指导，欣赏者就不可能领会艺术作品的艺术美，也不可能接受艺术作品所表达的思想倾向。

（3）正确培养自身的审美趣味，还需要寻求那些具有某种专长的人的指导和帮助。对艺术作品进行具体的分析、讲解，有助于人们加深对作品的认知、理解和感受。艺术具有享受和娱乐的价值。提高艺术修养，可以丰富自己的精神生活，得到更多的、更高尚的艺术享受，从而增强对生活的认知和感悟。

一个人的品位与修养是在长期的学习、生活与工作中逐渐形成的，空乘人员在生活和工作中要注重通过审美教育进行审美素养的培养，以形成高尚情操，美化心灵，启迪智慧。

（三）空乘人员应注重行为举止细节，提升美的表现力

行为举止在日常生活里时刻都在表露着人的思想、情感以及对外界的反应，它可能是自觉的，也可能是不自觉的。一个人的行为举止不仅反映一个人的外表，还可以展现一个人独有的形体之美和他的品格与精神气质。

空乘人员在服务与人际交往中，应当遵守举止有度、注重细节的原则，在举止上应当合乎约定俗成的行为规范，要求举止文明、优雅，只有这样才能很好地表现仪态之美。

举止行为自律是在社会规范和人的需要同时存在的情况下，举止行为的自我约束、自我控制和自我调节，它强调行为的自律。对举止行为自律是为了自觉主动地把握个人与外界环境、外在规范的关系，为了更好地融入集体与社会之中，从而在生活实践中塑造良好的自我形象。这种对行为的自觉控制，不是对"自主、能动"的限制，而是自主性、能动

性的体现。行为自主性，必然包含自律，行为能动性必然包含自我制动，在追求行为的自主性和能动性的过程中，必然包括自律和自制，具体做法主要包括以下两方面。

（1）举止文明。空乘人员在工作场合中应当稳重自持、尊重别人、不卑不亢、落落大方。首先，空乘人员要注意个人和公共卫生。良好的卫生习惯是尊重自己、尊重他人、尊重社会和热爱生活的表现。做到不随地吐痰，不乱扔废弃物，注意保持工作场所地毯、地板的清洁。其次，空乘人员要守时。守时是工作中的一项基本要求。空乘人员在机组飞行准备阶段要准时签到，参加航前准备会，了解相关航班情况，所以，守时既是文明礼貌的重要表现，也是工作的需要。

（2）举止自律，讲究分寸。空乘人员在工作和社交场合中，应当注意举止自律，讲究分寸。有研究表明，在塑造第一印象的过程中，身体语言的影响力远远超过口头语言。我们每个人都愿意和真诚又有活力的人交往，工作上更是如此，这样的人令人轻松，让交往双方感觉良好。

（四）空乘人员通过专业训练，培养良好仪态习惯

空乘人员的仪态体现在多个方面，而最直观的方面便是其外在的形象，外在形象也是我国空乘人员职业特征的体现。专业的仪态训练可以塑造一个人正确的仪姿，纠正不良的身体姿态和体态。形体塑造训练是仪态训练的基础，空乘人员可以通过长期的舞蹈训练，运用器械手段，通过学习、练习、修正、反馈、再练习的过程，逐渐强化正确的身体姿态，从而塑造出良好的形体姿态。我们还可以通过仪态的训练学习正确的举止行为，了解体态语言的规律，避免不良的举止习惯，从而培养良好的仪态。

1. 调整态度

正确的体态不仅能带来视觉上的美感，也能表现出一个人对生命的态度和对未来的追求。态度是第一时间就能被人注意到的，它能反映出一个人的人品、性格、教养、文化等，所以空乘人员出现在众人面前时，应当以恰当的姿态来表现自己，例如，随和友好、真诚耐心、乐于助人、兴致勃勃、热情好客、易于接近等。要避免不受欢迎的态度，例如，怒气冲冲、不耐烦、骄傲自大、胆小怯懦、铁石心肠、疑心重重，等等。

2. 保持微笑

微笑传递的是一种邀约和欢迎的信号，是在告诉别人我是一个友好而易于接近的人。一个人如果将微笑运用得恰到好处，就会有一种天然的吸引力，能使人相悦、相亲、相近。同陌生人见面时，友好、真诚的微笑表示"欢迎你，见到你很高兴"，使对方感到亲切；有求于别人时，由衷的微笑使对方无法拒绝；遇到误会时，应胸怀坦荡，大度地一笑了之；处于窘境时，自嘲地一笑也就避免了难堪。在待人接物中学会运用微笑的技巧，就会拥有更多的朋友。插页图4-4为空乘人员的微笑。

3. 注意眼神的交流

眼神是最赋于感染力的表情语言，运用恰当就魅力无限，使人赞赏；运用失度就陷入轻佻，令人咂舌。眼神传情达意有很多类型，在社交场合把握好适度的眼神交流也是举止

自律的一个重要方面。当与人说话时，目光要集中注视对方；听人说话时，要看着对方眼睛（见插页图 4-5），这是一种既讲礼貌又不易疲劳的方法；如果表示对谈话感兴趣，就要用柔和友善的目光正视对方的眼区；如果想要中断与对方的谈话，可以有意识地将目光稍稍转向他处；当对方因说了错误的话而拘谨害羞时，不要马上转移自己的视线，而要用亲切、柔和、理解的目光继续看着对方，否则对方会误认为你高傲，在讽刺和嘲笑他。

4. 保持良好的身体姿态

身体姿态反映一个人的情感和态度，直立的身体姿态体现一个人高雅正直的气质。良好的身体姿态应当随时注意抬头、收腹、立腰、挺胸等，持之以恒，避免不良的体态习惯，如斜肩、驼背、隆腹、罗圈腿、内外"八"字等。值得提倡的身体姿态是身体稍前倾的姿态，以显示一个人谦虚低调、全神贯注的态度，这种姿态尤其适用于空乘服务、商务与社交场合。

5. 避免怪异动作

不同的体态表现不同的效果和含义，不适当的怪异动作可能会给人不好的感觉。从人体美学角度来看，人体姿态去掉多余小动作的简约动作才是美的，所以空乘人员应当保持仪态端庄，动作和谐，肢体形态应规范紧凑，避免怪异的动作。

 思考与练习

一、问答题

什么是仪态美？仪态美的内容有哪些？

二、论述题

简述仪态美如何养成。

三、练习题

创编一套完整的模拟情景剧，注意不同角色对姿态的恰当运用。

第五章 仪态的塑造

课前导读

前面了解了仪态和仪态美的含义、内容，那仪态该如何塑造呢？对于塑造仪态美，又会有什么样的误区呢？什么是标准优美的仪态动作和仪态规范呢？形体仪态的综合训练中，该如何提升亲和力？对于空乘人员来讲，如何打造有亲和力的笑容？本章主要围绕着这些问题进行讲解，通过本章节的学习，可以较全面地了解空乘人员仪态动作中身体各部位的规范要求，同时能够学到打造有亲和力笑容的方法。

学习目标

1. 了解塑造仪态美的误区。
2. 了解姿势的分类和适用状况。
3. 理解亲和力的重要性和提升亲和力的途径。
4. 掌握各种仪态姿势的正确使用方法。

第一节 仪态美的标准

经过修饰的外表常常被一些人认为是美，的确，这是美，但并不是美的全部。我们平常见到的人中不乏这样一些女士，她们尽管打扮时髦，但站没有站相，坐没有坐相，这就谈不上美了，最多是徒有其表，而无其质罢了。

一、仪态和仪态美

所谓仪态，就是指人们的言行举止，一举一动所传达出来的一个人的内在修养与品质，泛指人们身体所呈现出的各种姿势，包括举止动作、静态表情和相对静止的体态，如身体动作的优雅，处事交流的成熟与否，神情表现得是否自然适宜，等等。通过这一系列的外在行为诠释一个人内心所认同的价值观点、修养程度以及自身学识，在这一认识过程中人们不断通过言行举止等形式交流感情，认识彼此。

仪态美不同于仪态的是，仪态美在仪态的基础上，又涵盖了仪容、仪表、姿态三个方面，这三个方面虽然都在强调人的外在，但是它们的侧重角度却是不尽相同的。仪容具体指的是一个人的长相，即他本身所具有的容貌，姿态具体是指一个人所表现出来的行为举止，仪容和姿态都是仪表的有机组成。仪表则是指一个人外在的综合表现，服饰搭配、举止端庄、形体匀称、风度翩翩等都在一定程度上展示着仪表。

因此，仪态美不仅要求服饰搭配得体、举止大方端庄、形体匀称协调、姿态优雅自然，它还要求在外在的基础上提升内在的修养和学识，由学识渊博而自然而然表现出来的谈吐不凡，是集形体美、容貌美、修饰美为一体的内在外在综合美。一个人如若对仪态美倾心追求，就要不仅仅遵循美的规律改造外在的自身，还要在适当修饰的基础上不断提高自身的内在修养。

二、仪态美的误区

（一）角色定位错误

空乘人员的角色定位是在航空飞机上为旅客服务的人员，而不是某选美大赛里的参赛者，只有在角色定位时定位准确才能更好地为旅客提供服务。在我国，空乘人员普遍是年轻的女孩或男孩，而有些国家对空乘人员的年龄限制并不是那么严格，是否能够提供优质的服务是他们主要的考核指标。

在我国，空乘人员的颜值较高，薪水待遇较好，大众对空乘人员的期待值随之上升，"光鲜亮丽"的空乘人员在社会上受到更多的关注，但更多的时候，空乘人员要用平和的心态对待自己的工作。作为空乘人员，首先是一个服务者，要有正确的服务理念和服务意识，在言谈举止和服务态度等方面体现个人修养和礼仪，为乘客提供优质舒心的服务。

为乘客提供满意的服务是空乘人员的主要职责。在着装上要落落大方，工作装和便装不混穿，不着奇装异服，要主动与乘客打招呼，用微笑示意等行为体现和彰显空乘人员的服务意识和角色定位。

（二）注重外在美，缺乏内在美

空乘这个职业不仅需要外表美，更需要内在美，妆容再精致，如果面部冷若冰霜也无法使乘客有宾至如归的感觉，尤其对于飞国际航线的空乘人员来说，内在美代表国家的形象。内在美需要乘务人员在紧急情况下做出合理的判断和行为，减少不必要的损失和恐慌；内在美需要乘务人员在必要的时候委婉拒绝不合理的请求；内在美需要乘务员在被骚扰时捍卫自己的尊严。

一份职业不仅是一份为了生存的工作，更是一个展示自己精神面貌的平台。乘务人员要有这样的自知之明，自己不是一个供观赏的"花瓶"，而是一位具有服务意识的服务者，一张代表自己国家尊严的"名片"。空乘人员的招聘标准是：有涵养、有热情、有亲和力，热爱空乘工作的适龄男女。从招聘的标准来看，空乘人员的招聘从来都不是比较谁更帅或谁更漂亮，而是比较谁更适合这份服务性质的工作。因此，空乘人员要致力于提高自己的内在美，以提供给旅客更舒心的服务。

三、空乘人员优美的仪态动作和仪态规范

在人际交流理论中，普遍认为有这样一组魔鬼数字：73855，具体是指信息的表达=7%语言+38%声音+55%外在形象和形体。从这一理论中可以看出，在信息表达的过程中，外在形象和形体占据重要的地位。作为空乘人员，要准确掌握适宜的站立姿势、行进姿势、蹲姿、坐姿、手臂姿势、表情神态，以及鞠躬礼、点头礼等礼仪规范。

（一）站立姿势

站立是人们生活交往中的一种最基本的举止，站立姿势能够呈现人静态的造型动作。优美端庄的站立姿势能凸显一个人的自信，衬托出其美好的气质和风度，给他人留下美好的印象。

1. 基本站姿

（1）头部抬起，面部朝向正前方，双眼平视，下颌微微内收，颈部挺直。

（2）双肩放松，呼吸自然，腰部直立。双臂自然下垂，处于身体两侧，手部虎口向前，手指稍微弯曲，指尖朝下。

（3）两腿立正并拢，双膝、双脚的跟部分别紧靠在一起。两脚呈"V"状分开，二者之间相距约一个拳头的宽度。

图 5-1 所示为空乘人员的标准站姿。

图5-1　空乘人员标准站姿

2. 空乘人员的基本站姿

（1）男性空乘人员将双手相握，叠放于腹前，或者相握于身后。双脚可以分开，距离大致上与肩部同宽（见插页图 5-2）。

（2）女性空乘人员将双手相握或叠放于腹前。双脚一前一后成"丁字步"（见插页图 5-3）。

（二）行进姿势

相对于站姿来讲，行进姿势是人体动态姿势的展现，是对站姿的延续。行进姿势能够全面展现人的动态美，是"有目共睹"的肢体语言。

1. 基本的行进姿势

基本行进姿势：上身挺直，头正目平，收腹立腰，双臂以大臂带动小臂前后自然摆动，摆幅在30°，在摆动中离开双腿不超过一拳距离，步态优美，步伐稳健，动作协调，走成直线，如插页图5-4所示。

2. 特殊的行进姿势

与基本行进姿势不同，例如，陪同引领、上下楼梯、进出电梯、出入房门、搀扶帮助等特殊情况要遵循一定的准则。特殊的行进姿势体现空乘人员的自身素质和涵养。

（1）陪同引领。空乘人员在陪同引领时要遵守协调彼此的行进速度、对身边的乘客及时地关照提醒等原则，同时要注意自身所处的方位。

（2）上下楼梯。空乘人员在陪同乘客上下楼梯时要走专门指定的楼梯，尽量减少在楼梯上的停留时间，同时坚持"右上左下"的原则，注意在上下楼梯时礼让对方，注意上下楼梯时的先后顺序等。

（3）进出电梯。空乘人员在陪同进电梯时要坚持使用专门的电梯，牢记先进后出、尊重周围乘客的原则。

（4）出入房门。空乘人员在进入房间前要先敲门通报，在关门时要用手轻轻关门，然后面向他人，坚持后进后出、主动为他人开门的原则。

（5）搀扶帮助。空乘人员在搀扶帮助老弱病残孕等乘客前首先要有"眼力见儿"，选准帮助的对象；其次，要征得对方的同意；最后，要采取正确的方法，例如，对腿脚不方便的乘客要主动搀扶，对孕妇可以准备一台轮椅等。在行走过程中，要留意对方的速度，做到速度、步伐一致，同时要考虑到乘客的体力，可以适当休息。

（三）蹲姿

蹲姿是在给予别人帮助、为对方提供必要的服务、捡拾掉在地面上的物品和自己照顾自己时采取的必要姿势。采用蹲姿时需要注意：不可以突然蹲下，突然蹲下可能会使乘客慌乱，而且突然蹲下是不礼貌的行为；不可以在距别人过近时蹲下，距离别人过近时蹲下可能会被人误解，是极唐突的举动；蹲下时注意姿势的优美，不优美的蹲姿会对乘客产生不良影响。

标准的蹲姿包括高低式、交叉式、半蹲式、半跪式等，这里主要介绍高低式蹲姿和交叉式蹲姿。

1. 高低式蹲姿（适用于男性、女性服务）

左脚在前，右脚稍后，左脚完全着地，小腿基本上垂直于地面；右脚前脚掌着地，脚跟提起。右膝须低于左膝，右膝内侧可靠于左小腿的内侧，形成左膝高、右膝低之态。女性应靠紧两腿，男性两腿可适度分开。臀部向下，基本上以右腿支撑身体（见插页图5-5）。

2. 交叉式蹲姿（适用于女性服务人员）

右脚在前，左脚在后，右小腿垂直于地面，全脚着地；右腿在上，左腿在下，二者交叉重叠；左膝由后下方伸向右侧，左脚脚跟抬起，前脚掌着地；上身略向前倾，臀部朝下，如插页图 5-6 所示。

（四）坐姿

端庄、文雅的坐姿不仅能给人留下沉着、冷静的印象，而且能够展现自己的修养和气质。对坐姿的要求包括入座时的要求和离座时的要求，同时也包括对下肢体位和上身体位的规范要求。

1. 入座

在陪伴他人入座时，应该在他人入座之后入座，同时，主位和客位等要分清楚，要在合乎"礼节"之处入座。在入座时要从座位的左侧就座，入座时不可弄出声响，要悄无声息地就座，此外，入座后背部要接近座椅，不可直接斜靠座椅。

2. 离座

对于乘务人员来说，离座也是有一定要求的。在离座前，要先有所表示，不能太过突兀地离座，否则容易扰乱正常的交流活动；要注意离座的先后顺序；离座时要缓慢起身，不能动作太大；离座时要从座位左侧离开。

3. 下肢体位

下肢体位主要是腿部的位置和脚部的摆放。

下肢的体位包括正襟危坐式、垂腿开膝式、双腿叠放式、双腿斜放式、双脚交叉式、双脚内收式、前伸后屈式、大腿叠放式等。

4. 上身体位

上身体位包括头部的位置、躯干的位置和手臂摆放的位置。

入座之后要注意头部的端正，头部抬直，双目平视，下巴往回收。要特别注意，在入座之后，工作时间不可以直接倚靠在椅背上，同时，要注意自己的精神状态，坐椅子时不能直接坐满整个椅子，要坐椅子的 3/4。

在入座时，手臂的摆放也是非常讲究的一件事情，手臂摆放的位置不正确会让对方产生被轻视、不被尊重的感觉，无法凸显乘务人员饱满的精神状态。

手臂的摆放位置有这样四种情况：① 可以把双手平放或叠放在身前的大腿上；② 如果有公文包可以把手放到公文包上；③ 如果身前有桌子，可以把手平放或叠放在身前的桌子上；④ 如果身旁有扶手，可以把手放到身旁的扶手上。插页图 5-7、插页图 5-8、插页图 5-9，分别为标准式坐姿、平行式坐姿和叠腿式坐姿。

（五）手臂的姿势

作为乘务人员，在使用手臂姿势这种"无声的语言"时，应该使用规范的手势，注意各种手势的使用场合和使用情况，此外，使用手势不宜过多。常用的手势可以分为以下几种：正常垂放、自然搭放、招呼别人、手持物品、递接物品、展示物品、举手示意、与人握手等。

1. 正常垂放

正常垂放式站立服务时用得最多的手势有：将手自然垂放（见插页图5-10）；将手放到小腹前交叉相握；将双手的手背交叉叠放到后背处；将一只手放到后背处，另一只手自然垂放；将一只手放到后背处，另一只手搭放到身前的柜台处等。

2. 自然搭放

自然搭放的手势主要适合比较正式的场合，分为站立服务（见插页图5-11）和以坐姿服务的不同情况。站立服务时，上身挺直；两臂稍弯曲，肘部向外；手指部分轻搭在柜台边缘上，指尖向前。以坐姿服务时，尽量挺直上身；将双手相握，自然叠放于一条腿上。

3. 招呼别人

对于乘务人员来说，招呼乘客是必不可少的服务内容。招呼别人是很有讲究的一件事情。在招呼别人（见插页图5-12）时，切勿使用手指，要使用手掌，同时要将掌心向上，而不能使掌心向下。用手指人和将掌心向下都是非常不礼貌的行为，很多时候会引起乘客的不满，切记要正确使用手势语言。

4. 手持物品

在手持物品（见插页图5-13）时，首先，要确保自己的双手是整洁干净的，物品也是卫生的；其次，要稳稳地将物品放到手里，身体不能倾斜和摇晃。另外，手势动作要自然到位，一气呵成，流畅自然。

5. 递接物品

在递接物品（见插页图5-14）时，要用双手去接物品和递物品，这是对对方起码的尊重。此外，如果对方离你有一段距离，你应主动迎上前去递接物品，同时，要秉承着方便接拿的原则适当地随机应变。在递尖刃物品时，要将尖刃物品的头部朝向自己，这样不容易使对方受到伤害，这也是待人接物起码的要求。

6. 展示物品

展示物品（见插页图5-15）时，要秉承着方便观看、展示标准和手位正确的原则。展示物品的手位有四种形式：① 将物品举至双眼之处；② 将物品举至双臂横伸时肩至肘处；③ 将物品举至双臂横伸时肘部之外；④ 将物品举至胸部以下之处。

7. 举手致意

举手致意适合向他人表示问候和感谢的场合。举手致意的标准做法是：面向对方，将手臂往上伸，将掌心向外，有节奏地摆动手臂，手臂切勿在空中无节奏地挥舞。

8. 与人握手

与人握手（见插页图5-16）是表达欢迎和建立交流的基础手势，其中也有一定的学问，如果处理不当，会贻笑大方。下面介绍握手的四个基本原则。

（1）握手的先后顺序，应该秉承中国"尊者在先"的礼仪。

（2）握手的力度。在力度上不宜太过用力，否则有挑衅对方的嫌疑。力度的大小应该不超过握2千克物品的力量。

（3）握手的时长。在时间的把握上应该是3～5秒最好，不宜过长，也不宜过短。

（4）握手的方式。握手应该彼此走近对方，目视对方的眼睛，握住对方手掌部位上下晃动两三下。

（六）表情神态

表情神态泛指一个人面部所呈现出的形态和神情。表情神态具体包括眼神和微笑两个部分。

1. 眼神

眼神是指人们在通过眼睛进行交流时，眼部所进行的一系列活动，以及在这一活动中所传递出的神情和神态。

注视方式要根据交流人数的多少和交流双方之间距离的远近，以及交流双方所处位置的高低来选择，选择不同的注视部位和注视的角度。在两个人近距离交谈时，为表示尊重和对对方的话题感兴趣，要彼此注视对方的眼睛；一个人与多人近距离沟通时，要注视对方的面部交流，双方之间距离较远的情况下，应该彼此注视对方的全身。在注视角度的选择上要灵活处理，一般选择正视和平视对方，但适当的时候要选择仰视对方的角度，多人时要记得兼顾多方。切忌俯视对方，俯视对方无论是在生活中还是在工作上都是大忌。

2. 笑容

笑容是人面部的重要神态，乘务员的笑容会让乘客对乘务员产生亲切感，也是乘务员传达亲和力的重要途径。笑容的力量是强大的，它能够调节自身的情绪和状态，使人长期保持愉快的身心状态，有利于保持身体健康。同时，它还可以使人产生亲和力。

乘务人员保持发自内心的微笑是需要一定的技能和技巧，下面介绍一些微笑的要领。

（1）微笑的基本方法：先放松自己的面部肌肉，然后使自己的嘴角微微向上翘起，让嘴唇略呈弧形。在不牵动鼻子、不发出笑声、不露出牙齿的前提下，微笑。

（2）注意整体配合。通常在微笑时，应当目光柔和发亮，双目略微睁大；眉头自然舒展，微微向上扬起，这就是人们说的"眉开眼笑"。

（3）力求表里如一。

（4）兼顾服务对象。

图5-17为空乘人员微笑着播报的情景。

图5-17 空乘人员播报时的笑容

（七）鞠躬礼

1. 鞠躬礼的适用情况

鞠躬礼有臣服和听命的意义，主要适用于下级对上级、晚辈对长者、位卑者对尊敬之人的礼节。

2. 鞠躬礼的基本姿势

行鞠躬礼时，应脱帽，用立正姿势，双目注视对方，面带微笑，身体上部向前倾斜15°左右。同时，也应该遵守以下的标准：表达问候时身体前倾 15°，表达歉意时身体前倾 45°，对辈分和地位、职务较高的人表达尊敬之意时可以深躬至 90°。身体不同角度前倾的鞠躬礼，如插页图5-18 所示。

（八）点头礼

1. 点头礼的适用情况

点头礼是一种传统礼节，主要适用于平级之间和同辈之间。

2. 点头礼的基本姿势

如两人或多人在行进中相遇，可以不必停下来，直接边走边点头示意，表示对对方的尊重和礼貌即可。

第二节 空乘人员仪态的塑造

航空行业在仪态方面的要求相对于其他行业来说是比较高的，良好的仪态不仅是高质量服务中应具备的素养，也是航空行业自身的独特要求。空乘人员的仪表形态是整个航空行业的一道风景，也往往代表着各自航空公司的企业形象，而对于国际航空公司的工作人员来说，他们甚至代表着一个国家航空业的形象和发展水平。因此，形体仪态方面严格的选拔标准是空乘人员进入航空公司的第一个关卡，接下来才是空乘人员身体素质、心理素质、道德素质、专业知识技能等的考核。由此可见空乘人员形体仪态的重要性。

一、空乘人员亲和力训练

形体仪态综合训练中亲和力的训练是至关重要的，空乘人员的亲和力在空乘服务中起着"窗口"的作用。空乘人员的亲和力能够拉近空乘人员与乘客之间的距离，营造出令人舒适安心的氛围。从理论上讲，亲和力使服务者与被服务者之间产生一种无形的强大的凝聚力和向心力。当然，产生亲和力的基础是交往双方在交往过程中存在着某些相同之处或相似之处。交往双方之间有了某种相同或相似之处，并在交往过程中产生一种无形的向心力或是凝聚力的人际交往的能力即亲和力。亲和力是一种能力，对于空乘人员来说这种能力是能够通过训练获得的，主要从以下几个方面进行训练。

（一）待人如己

空乘人员对待乘客应像对待自己家人一样，这样可以拉近和乘客的距离。空乘人员在服务时可以思考"如果这位乘客是我的家人，我应该怎样为这位乘客服务？""如果我在乘坐飞机时飞机航班延误,我希望得到什么样的安慰?""如果这位带孩子的妈妈是我的家人,我应该怎样帮助她?""如果这位年迈的老人是我的家人,我该如何为她服务?"等问题。如果所有的空乘人员都这样去换位思考,去体恤乘客,也许乘务员和乘客之间的矛盾就会减少很多。待人如己会让乘客感受到乘务员的耐心、乘务员的真心、乘务员的细心,这样的服务会瞬间拉近乘务员和乘客之间的距离。

(二) 出自真心

空乘人员是在客舱工作的服务人员,会直接与顾客接触,如果在工作开始时就不是发自内心地喜欢这份工作,那在以后的工作中就很难有优秀的表现。真心喜欢这个职业,真心爱戴自己的乘客才能真正帮助到有困难的乘客,为更多的乘客提供优质的服务,工作才会得到更多的认可。在打造亲和力的过程中真心是必不可少的,也可以这样说,乘务员的真心是拉近其和乘客之间距离的最重要的情感。

(三) 打造具有亲和力的笑容

面部表情能够充分展现人的个性和思想。首因效应中具体阐述了第一印象的重要性。在首因效应中,第一印象决定以后交往的过程。如果空乘人员并没有给乘客留下美好的第一印象,那么空乘人员在以后的工作中与乘客交往的难度就会加大。笑容能够展示自己友好的态度和容易接近的性格,提升自己在乘客心目中的第一印象。那么对于乘务人员来讲,如何打造有亲和力的笑容呢?最常见的是咬筷子训练法。

下面具体介绍咬筷子训练法的要领。

(1) 用上下门牙轻轻地咬住筷子,确定自己的嘴角是否已经高于筷子了。

(2) 继续咬住筷子,嘴角最大限度地上扬。也可以用双手将嘴角继续往上推,一直到能上扬的最大限度。

(3) 保持上一步的状态,拿下筷子,这时仔细观察微笑时的脸型,能够看到上排的 8 颗牙齿就可以了。

(4) 再次轻轻咬住筷子,发出"YI"的声音,持续 30 秒。

(5) 拿掉筷子,同时用双手将嘴角从下向上推,并发出声音,反复数次。

(6) 放下双手,重复上一个步骤,发出声音,坚持 30 秒结束。

(四) 改善不良情绪

带着好的情绪工作,能够给自己好的心情,也能够给别人留下好的印象。带着不良情绪工作,只能给乘客带来不良的情绪。情绪能够感染他人,而乘务员的不良情绪会感染到其他乘客。当然,空乘人员也会有心情不好的时候,但这不能成为空乘人员带着不良情绪工作的理由。作为空乘人员,如何调节自己的不良情绪,也是需要学习的事情。要改善不良情绪,可以培养自己的幸福感:在难过时,听听音乐,唱一些节奏欢快的歌;在受委屈时,想一想家人,想一想令自己开心的事情;等等。每一种方法都需要去尝试。对于用这些方法无法及时调整的复杂情绪或精致的妆容无法掩盖的黑眼圈，可以给自己时间调整调整。另外，还要让自己做快乐的事情，在机组的大部分时间都是工作，等到休息时，可以做一些更容易让自己开心的事情，心情愉悦了，工作的态度也就转变了，自己的服务才会给乘客留下"春风拂面"的感觉。

（五）修正不良表情

在人际交往中，人与人之间所传达的信息，45%来自有声的语言，55%来自无声的语言。无声的语言包括表情、手势、姿势等身体语言。在微笑时，如果心情不佳会出现皮笑肉不笑的情况，这样展现给乘客的是一种僵硬的表情，然而，在很多时候，如果心情欠佳，就很难做出一个自然微笑的表情。有一种训练自信的方法：每天对着镜子大喊"我很棒"，然后给自己一个微笑。长此以往，有效的心理暗示就会变成内在强大的意志。这样的方法也可以适当地变化，为空乘人员所用。

空乘人员可以对着镜子微笑，想一些令自己开心的事情，慢慢调整自己的笑容，每天多做几次，多鼓励自己，自己慢慢就会变得自信了，也能够调整自己的情绪和表情了。此外，要注意，微笑时不可以掺杂其他不合时宜的动作和表情，如果动作和表情过多，会传达出不好的信息，给乘客带来不好的感受。

二、空乘人员情景中的走姿训练

空乘人员走姿的训练可以选择进入候机楼、客舱酒水餐食的服务及客舱安全巡视等场景进行模拟训练。每组 5 个人左右，自然排成一路纵队，右手拉飞行箱，按照走姿训练的标准进行训练，注意步伐稳健而轻盈，要有韵律感，可男女分开，也可混合训练。女士要走出乘务员的美和自信，男士要有坚定、阳刚之美。客舱服务中的行姿如插页图 5-19 所示。

三、空乘人员情景中的坐姿训练

空乘人员的坐姿训练可以选择候机楼待机时的场景进行模拟训练。每组 5 人左右，坐成一排，头部放平，目光平视前方，表情自然，建议采用并步位坐姿，如果有小包，将小包统一放在双腿上，双手放于小包上。女士切忌双腿分开，应如图 5-20 所示。

图5-20 客舱空乘人员的坐姿

四、空乘人员情景中的站姿训练

空乘人员可以选择乘客登机的场景进行站姿的模拟训练。每组 5 人左右，L1 门处两位乘务员，其他乘务员在舱内指定的位置，与客舱壁呈 45°角站立，等候客人登机，要做到端正、挺拔、大气。注意要目光柔和,精神饱满,展示出空乘人员的热情、谦恭(见插页图 5-21)。

另外,空乘人员在客舱跟乘客进行交谈时也要注意站姿,一般采用正步脚位,双手自然放于体前,目光平视乘客,面带微笑。

五、空乘人员情景中的鞠躬训练

空乘人员可以选择迎送乘客、乘务员介绍、向乘客表示歉意时的情景进行鞠躬的模拟训练。鞠躬时要有适当停顿,表示尊重。根据不同情景分别选择不同的鞠躬度数进行训练,如迎送乘客时 15°鞠躬,表示衷心的感谢时 30°鞠躬,道歉时 45°鞠躬。如图 5-22 所示,空乘人员为乘客送报纸时的鞠躬。

六、空乘人员情景中的引导手势训练

空乘人员的引导手势训练可以选择引导乘客入座、向前或者进行客舱安全检查时的情景进行模拟。需要注意的是,手势的引导要手、眼、嘴统一。引导时注意节奏缓和,动作协调优雅,如图 5-23 所示。

图5-22　客舱送报纸服务

图5-23　客舱服务中的引导手势

七、空乘人员情景中的蹲姿训练

空乘人员的蹲姿训练可以选择给乘客下蹲取餐食、收取餐盘,下蹲和老人、无人陪伴儿童谈话交流,或者为乘客拾起掉在地板上的东西等情景进行模拟。一般采用高低式蹲姿,脊背要直,展示优雅姿态。女士注意双腿不要分开。

八、空乘人员其他仪态训练

空乘人员在整个服务过程中,也会有递接物品、握手等动作,可在上文提到的模拟情景中设置此类训练。空乘人员在模拟的不同情景中进行形体仪态的训练，能够培养自己根据不同情景调整自身仪态的能力。图5-24为空乘人员整理客舱行李架的姿态。

图5-24　整理客舱行李架服务

 思考与练习

一、问答题

1. 仪态美的误区有哪些？
2. 提升空乘人员亲和力的途径有哪些？
3. 空乘人员如何打造有亲和力的笑容？

二、论述题

1. 结合书中内容，根据自身现状谈谈如何提升自己的亲和力？
2. 论述空乘人员坐姿、站姿和蹲姿的注意事项。

三、练习题

1. 团队作业：（情景剧的小剧本每组自写）排演空乘人员的面试场景（5分钟左右），5人一组，3人扮演招聘者，2人扮演面试者，招聘岗位及面试问题自拟。
2. 情景剧：排演对无成人陪伴的儿童乘客的服务礼仪（特定空乘人员的服务内容）。

第六章　空乘人员常见不良仪态及危害

 课前导读

不良体态、不良习惯、不良心理会对人造成危害，其形成也是有一定原因的，可以及早预防、及时改正，为优美体形及端庄仪态的形成打下基础。本章主要讲解了空乘人员不良形体、不良仪态、不良习惯及不良心理的形成与危害，帮助空乘人员对照个人日常的行为习惯，发现自身问题，通过实训部分的矫正训练，改善自身的不良体态，塑造更美更健康的自己。

 学习目标

1．了解常见的不良形体、仪态及其危害。

2．通过自我检查，发现自身存在的问题，并了解一定的矫正方法，根据自己的实际情况进行矫正。

3．通过运用正确方法对不良体态进行矫正，获得更完美的仪态，增加自信，更好地胜任空乘这份工作。

第一节　不良形体

空乘人员的不良形体会给其长期的工作带来意想不到的影响，必须正确认识和及时矫正，才能够始终保持美的仪态。

一、脊柱侧弯

脊柱侧弯是脊柱异常侧凸的一种症状，早期表现为双肩不等高、脊柱非直线、向前弯腰时两侧背部不对称，骨盆倾斜。鉴于空乘人员对形体的高要求，脊柱侧弯严重影响了空乘人员的形体美，如图6-1所示。

（一）脊柱侧弯的成因

先天性脊柱侧弯：胚胎时期脊柱发育不完全等因素造成新生儿脊柱畸形，并带有一系列并发症，影响了后期的成长发育。后天性脊柱侧

图6-1　脊柱侧弯

弯：由于病症导致脊柱两侧肌肉张力不平衡，引发脊柱侧弯；骨质疏松，营养不良，坐姿、站姿不正确等因素均会引起脊柱侧弯。

（二）脊柱侧弯的危害

外形方面，脊柱侧弯导致脊柱两侧受力不均衡，会压迫神经、脊髓，出现腰酸背痛等症状，严重影响体形美观；心理方面，脊柱侧弯会引起患者自卑、自闭等心理疾病。对于先天性的脊柱侧弯，建议早发现早治疗，以免错过最佳治疗时间，影响一生；对于后天轻微的脊柱侧弯，按照本书中所讲的训练方法坚持锻炼，养成良好的习惯，可以对病症起到缓解及矫正的效果。

二、"O"型腿

"O"型腿也称为膝内翻，表现为双脚正步位站立，两膝之间有较大空隙，膝盖、小腿向内旋有一定角度，导致双腿不再显得修长，下肢曲线不够优美，如图6-2所示。

图6-2 "O"型腿

（一）"O"型腿的成因

人在发育期因为营养不良等因素导致身体缺少钙、磷等重要营养元素，从而阻碍骨骼发育，形成膝内翻，也就是我们俗称的"O"型腿；先天遗传及佝偻病也会导致膝内翻；后天的一些不正确的姿势习惯也是"O"型腿的成因。

（二）"O"型腿的危害

下肢膝内翻使得膝盖超负荷受重，长期如此会导致关节炎，而且"O"型腿的人因为骨骼原因，行走运动时多为腿部外侧肌肉发力，久而久之会导致腿部外侧肌肉过于发达，内侧肌肉力量薄弱，两腿缝隙增大，腿部肌肉线条显得更加粗壮。

三、"X"型腿

"X"型腿与"O"型腿是相对的，指双脚站立，膝盖并拢的情况下，双脚间有大于

1.5 cm 的距离，我们便称之为膝外翻，也就是俗称的"X"型腿。

（一）"X"型腿的成因

膝外翻形成原因也有先天和后天之分，遗传及小儿佝偻病是导致"X"型腿的先天因素，后天发育障碍及受到外力伤害造成后遗症也是膝外翻的成因。

（二）"X"型腿的危害

由于膝关节向外旋，膝关节外侧关节面过多承受身体的重量，加速膝关节的劳损，同时双腿间的摩擦增强，过多的外力导致膝关节处引发骨性关节炎，严重者会影响正常行走。

四、内、外八字脚

内八字脚趾站立或行走过程中脚尖向内扣，外八字脚则为脚尖过分外开。八字脚的行走姿态极为不雅，空乘人员在服务过程中身穿制服行走在机舱过道里，每一步都应该是美的体现，而不应让八字脚破坏了美好的仪态。图 6-3、图 6-4 分别为内八字脚和外八字脚。

图6-3 内八字脚　　　　　　图6-4 外八字脚

（一）八字脚的成因

内、外八字脚与膝内、外翻有着因果关系，幼儿时期学步过早，由于骨骼含钙低，骨质不定型，腿部及脚腕力量不足，加之身体压力，导致腿部骨骼畸变，学步时为保持平衡，脚尖便会随骨骼变化而向内或向外形成一定角度，久而久之，形成八字脚。当然，一些站、坐、行、蹲时不正确的姿势也会导致八字脚。研究表明，近些年流行的雪地靴也会引起内八字，并带来脚部疾病，希望大家在追求美的同时能把健康放在首位，健康的身体才是最大的资本。

（二）八字脚的危害

内八字行走时，更多压力积聚在脚部外缘，从而增加了脚外侧和地面的接触，增加了关节的压力；外八字脚会引起膝盖外移，导致腿部关节变形和疼痛，肌肉骨骼也会随之变形，使腿部线条不再优美匀称。

五、下蹲困难

在双脚并拢的情况下做深蹲，完全蹲下后，脚后跟不离开地面为正常，离开地面才可完成者为下蹲困难。空乘人员在服务过程中需要蹲姿服务，下蹲困难会影响乘客的服务体验。

（一）下蹲困难的成因

下蹲困难的原因可能是跟腱过短，下蹲时为了保持平衡，身体不得不向前倾，迫使脚跟离开地面。也有因为膝盖受损、身体过于僵硬导致下蹲困难的例子。

（二）下蹲困难的危害

对于空乘人员来说，下蹲困难会给客舱服务带来诸多不便。除此之外。下蹲过程中，如果身体稳定性差较容易跌倒受伤。

第二节 不良仪态

空乘人员由于长期受工作环境和压力的影响，容易形成不良仪态。

一、上交叉综合征（头位不正、头颈部前伸、含胸驼背）

当正常站立或正坐时，从侧面看，我们的头部应位于肩膀之上，而不是位于体前，两肩和后背应为一条线，而不是胸椎后曲，肩膀内扣。上交叉综合征主要表现为头部前倾（见图6-5）、含胸驼背、肩圆等变形体态，常给人留下低头哈腰、不自信等印象。

图6-5 头颈部前伸

（一）上交叉综合征的成因

上交叉综合征常见于伏案久坐的办公人员、学生、健身人士。长久以错误的坐姿工作和学习的人，上身前倾、含胸低头是常态，久而久之肩膀负荷过大，后背越驼越厚，形成上交叉综合征；有的人健身过分注重胸大肌的锻炼，却忽视上背肌群锻炼，使得强弱肌肉群交叉，也会形成上交叉综合征；最后一种情况，青春期的女生胸部开始发育，逐渐变得丰满时，会害怕展露自己胸部，于是刻意含胸隐藏，导致驼背。

（二）上交叉综合征的危害

上交叉综合征会使体态发生变化，引起肩膀酸痛，手臂麻木，严重者还会引发颈椎病，压迫神经，加重身体负担，心脏和大脑的正常工作都会受到影响。

二、高低肩

高低肩指肩膀左右两边不在一个水平线上。

（一）高低肩的成因

高低肩的成因分为两部分：首先，我们之前讲的脊柱侧弯会引起两肩不等高；其次，长期背单肩包使单边肩膀发力受力，长时间处于紧张状态，这也是高低肩的诱因之一。

（二）高低肩的危害

高低肩会诱发肩颈疾病，其成因之一是脊柱侧弯，所以，之前所讲脊柱侧弯的危害，高低肩也同样具有。

三、塌腰

塌腰也可以称为盆骨前倾，指当身体直立时，腰椎向前弯曲，小腹突出，臀部后凸的体态，给人懒散、不挺拔的感觉，如图6-6所示。

（一）塌腰的成因

骨盆周围的肌肉收缩状态不好，腹肌、背肌力量弱导致腰椎前曲过度，姿势不正确；锻炼方法不当、穿高跟鞋时间过长等都会导致塌腰的不良体态。

（二）塌腰的危害

图6-6 塌腰

首先，骨盆变形联动其他部位骨骼，妨碍脊椎、腿骨等部位骨骼发挥正常作用，诱发骨骼酸痛；其次，骨盆前倾挤压内脏，部分器官被挤压扭曲，其机能受阻，会引起各种不适症状；最后，塌腰后小腹凸起，臀部变形，影响曲线美。

四、松髋

髋部过于松弛，站姿不够挺拔，盆骨两侧高度有偏差，经常以此不良体态站立或行走，会导致脊椎变形，从而引起高低肩和长短腿。

第三节 不良习惯

空乘人员在没有规律的工作时间中进行着相对枯燥的服务流程，在长期持续的工作状态下，如果对自己的仪态降低要求，就很容易养成不良习惯。

一、眼神不固定

眼睛被称为心灵之窗，空乘人员面对乘客，在目光中表现出尊重、喜爱，还要根据所处的具体情形表示同情、惋惜、抱歉等复杂心情。空乘服务人员应以眼睛自然地表达思想感情，在与乘客交往中，目光不仅要表示对乘客的重视，也要表示对乘客的欢迎，因而面对乘客说话时，注意不要上下打量或目光斜视，否则会使乘客感到不快。

二、微笑或讲话时嘴角歪斜

对空乘人员而言，微笑是一种特殊的语言，也是职业素养的体现，微笑服务贯穿客舱服务的全过程。如若平时无异常，只是说话和微笑时嘴角歪斜，那就是平常不当的咀嚼习惯等导致的，由于口腔问题，我们可能会习惯于单用一侧咀嚼食物，久而久之，长期咀嚼的一侧会比另一侧咬肌发达，在微笑和说话时就会出现嘴角往一侧歪的现象，长此以往可能还会导致左右脸不对称。微笑和说话时嘴角歪斜给人狡诈、不可靠、不易亲近的印象，降低原有的颜值。

三、抖腿

有些专家曾提出，久坐后抖腿不仅可以活动下肢，还有瘦身的效果，其实不然。抖腿是一种不礼貌的行为，是社会礼仪的禁忌之一。空乘是特别注重礼仪的一项职业，抖腿会给乘客留下不好的印象。与其久坐后用抖腿来活动下肢，不如站起来走一走，想要减肥的话，不如平常加强运动。

第四节 不良心理

空乘人员有特殊的工作环境和特殊的服务对象，这要求他们必须具备较高的心理素质，但由于每个人天生的性格和气质类型不同，所以空乘人员在长期工作中也容易产生以下不良心理。

一、傲慢

傲慢其实是骄傲和优越感极端化的产物，通常表现为狂妄自大，以自我为中心，对他人怠慢不敬。年幼时父母过分的溺爱或环境影响都会导致傲慢心理的产生。傲慢的人会让人难以接近，说话和行为也会带有攻击性。

二、自卑

自卑的人对自己缺乏自信心，总认为自己各方面都不如别人，无论在生活中还是在工作中，总觉得自己低人一等，抬不起头来。自卑心理源于人对自己不正确的认识，它会带来强烈的压抑感，导致人失去社交能力，更加自卑。

三、内向

内向的人多表现为寡言少语、胆小懦弱，难以融入大环境。内向、自闭可能导致社交恐惧症。

四、冷漠

冷漠是一种消极的心态，冷漠的人对身边的人或事表现出麻木、冷淡的态度，好像对一切都失去了兴趣和热情，长此以往会增加焦虑症与抑郁症的患病概率。

 思考与练习

一、问答题

1. 常见的不良形体、仪态及其危害有哪些？
2. 我们平常应该杜绝哪些陋习来预防不良体态的形成？

二、论述题

简述空乘人员不良心理形成的原因。

三、练习题

分小组进行不良仪态的检查及矫正练习。

实 训 篇

第七章 芭 蕾

 知识目标

通过学习古典芭蕾基本训练动作，达到身体、头、眼睛、手的协调配合，让学生养成良好的体态习惯。

 能力目标

通过训练使空乘人员具有站立的挺拔感、稳定性和后背的控制能力，还能训练身体不同部位的灵活性、敏捷性和相互协调的能力。

第一节 扶 把 部 分

一、扶把基本站姿及芭蕾脚位练习

准备：面向把杆，目光平视正前方，头上顶、肩下沉，双手与肩同宽轻放于把杆上，身体与把杆的距离约为小臂长度，手腕和肘部放松，自然下垂，脚下一位站立，双脚后跟并拢，双脚尖外开呈"一"字。

第一个八拍：

1~8拍，保持双手扶把的一位脚站姿（见图7-1）；

第二个八拍：

1~4拍，重心移至主力腿，动力腿向旁擦地至脚尖点地；

5~8拍，动力腿保持外开，脚跟下踩成二位脚站姿，两脚之间的距离为一只脚长度，重心移到中间。

第三个八拍：

1~8拍，保持双手扶把的二位脚站姿（见图7-2）。

第四个八拍：

1~4拍，重心移至主力腿，动力腿在旁绷脚点地；

5~8拍，动力腿擦地收回，经过一位脚至脚后跟与主力腿脚尖紧靠，成五位脚站姿。

第五个八拍：

1~8拍，保持双手扶把的五位脚站姿（见图7-3）。

第六个八拍：

1~4拍，五位前脚向前擦地，脚尖对主力脚后跟；

5~8拍，动力腿脚后跟边向前推边踩落至全脚着地，前后距离为一只脚长度，重心移到两脚之间成四位，两脚形似"="。

第七个八拍：

1~8拍，保持双手扶把的四位脚站姿（见图7-4）。

第八个八拍：

1~4拍，前点地绷脚，重心移至主力腿；

5~8拍，脚尖引领全脚收回到最开始的准备动作，结束。

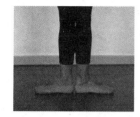   

图7-1　芭蕾一位脚　　图7-2　芭蕾二位脚　　图7-3　芭蕾五位脚　　图7-4　芭蕾四位脚

二、擦地练习

准备：双手扶把，脚站一位，要求同练习（一）。

第一个八拍：

1~2拍，重心移至左腿，右腿向旁擦地至脚尖点地（见图7-5）；

3~4拍，旁点地继续延伸；

5~6拍，右腿原路收回；

7~8拍，一位站姿。

第二个八拍：

1~4拍，一位右旁擦地一次，两拍出两拍收；

5~8拍，一位右旁擦地一次，两拍出两拍收。

第三个八拍：

1~8拍，左旁擦地，同第一个8拍。

第四个八拍：

1~4拍，一位左旁擦地一次，两拍出两拍收；

5~8拍，一位左旁擦地一次，两拍出两拍收。

第五个八拍：

1~2拍，重心移至左腿，右腿向前擦地至脚尖点地；

3~4拍，前点地继续延伸；

5~6拍，原路收回至右前五位脚；

7~8拍，五位站姿。

第六个八拍：

1~4拍，右前五位擦地一次，两拍出两拍收；

5~8拍，右前五位擦地一次，两拍出两拍收。

第七个八拍：

1~2拍，重心移至右腿，左腿向后擦地至脚尖点地；

3~4拍，后点地继续延伸；

5~6拍，原路收回至左后五位脚；

7~8拍，五位站姿。

第八个八拍：

1~4拍，左后五位擦地一次，两拍出两拍收；

5~8拍，左后五位擦地一次，两拍出两拍收，结束。

图7-5　芭蕾扶把一位擦地（右旁）

三、蹲练习

准备：双手扶把，脚站一位，要求同练习（一）。

第一个八拍：

1~4拍，双膝向脚尖方向拉开，头、背、臀与后跟呈垂直半蹲，两拍下两拍起；

5~8拍，一位半脚尖，两拍立两拍落。

第二个八拍：

1~8拍，一位深蹲，四拍下四拍起，尽量少起脚后跟。

第三个八拍：

1~4拍，右旁擦地成二位站姿；

5~8拍，二位半蹲（见图7-6），两拍下两拍起。

第四个八拍：

1~8拍，二位深蹲，四拍下四拍起。

第五个八拍：

1～2拍，重心移至左腿，右腿在旁绷脚点地；

3～4拍，左脚后碾90°，右七位手打开，成单手扶把，右前点地；

5～8拍，右脚后跟前顶，下踩至四位脚站姿。

第六个八拍：

1～4拍，四位半蹲，手从七位落至一位；

5～8拍，四位半蹲，两拍下，手从一位至二位，两拍起，手从二位打开七位，头随手动。

第七个八拍：

1～4拍，重心移至左腿，右腿向前绷脚点地，擦地收五位站姿；

5～8拍，五位半蹲，两拍下两拍起。

第八个八拍：

1～8拍，五位深蹲，四拍下，手从七位升至三位，四拍起，手从三位经二位落至一位，结束。

图7-6　芭蕾扶把二位蹲

四、小踢腿练习

准备：左单手扶把，右手一位，右前五位站姿。

准备拍：四拍，手经二位打开至七位。

第一个八拍：

1～4拍，右腿经前擦地过程，1拍踢出，2拍点地，3拍收回，4拍五位站姿；

5～8拍，同第一个八拍1～4拍。

第二个八拍：

1～4拍，右腿经旁擦地过程，1拍踢出（见图7-7），2拍点地，3拍收回，4拍五位站姿；

5～8拍，同第二个八拍1～4拍，收至右后五位站姿。

第三个八拍：

1~4拍，右腿经后擦地过程，1拍踢出，2拍点地，3拍收回，4拍五位站姿；

5~8拍，同第三个八拍1~4拍。

第四个八拍：

1~4拍，右旁小踢腿两次，一拍出一拍收，先收后五位全脚，第二次收至前五位半脚尖立。

5~6拍，右脚掌为轴心向左后转至右单手扶把，左前五位半脚尖，左手经二位打开至七位；

7~8拍，重心在右腿，踩落至五位全脚站姿。

第五个八拍~第八个八拍：

换另一侧肢体练习，动作、节奏同第一个八拍~第四个八拍，结束。

图7-7 芭蕾扶把小踢腿

五、划圈练习

准备：左单手扶把，右手一位，右前五位站姿。

准备拍：四拍，手经二位打开至七位。

第一个八拍：

1~4拍，右腿经前擦地，沿着地面划弧线打开至旁点地；

5~8拍，收一位站姿。

第二个八拍：

1~4拍，右腿经旁擦地，沿着地面划弧线打开至后点地；

5~8拍，收一位站姿。

第三个八拍：

1~6拍，右腿经前擦地，沿着地面划半圆至后点地；

7~8拍，收一位站姿。

第四个八拍：

1~6拍，右腿擦地同时主力腿半蹲，在半蹲中重复第三个八拍1~6拍；

7~8拍，主力腿站直，收右后五位站姿。

第五个八拍~第八个八拍：

换另一侧肢体练习，动作、节奏同第一个八拍~第四个八拍1~6拍，最后两拍手收一位，结束。

六、控制练习

准备：左单手扶把，右手一位，右前五位站姿。

第一个八拍：

1~4拍，右脚抓地绷脚，保持外开的同时沿主力腿脚踝上吸至膝关节，右手端至二位；

5~8拍，右腿大腿平端向90°前方伸直，右手打开至七位。

第二个八拍：

1~4拍，右脚落前点地；

5~8拍，右脚收五位，右手回一位。

第三个八拍：

1~4拍，同第一个八拍1~4拍；

5~8拍，右腿向旁90°伸直，手打开至七位。

第四个八拍：

1~4拍，右脚落旁点地；

5~8拍，右脚收后五位右，手回一位。

第五个八拍：

1~4拍，同第一个八拍1~4拍；

5~8拍，右腿大腿向后平端90°伸直，右手手背向上，指尖往远前伸（见图7-8）。

图7-8 芭蕾扶把控制（后腿）

第六个八拍：

1~4拍，右脚落后点地；

5~8拍，右脚收后五位，右手回一位。

第七个八拍：

1～4拍，左腿半蹲，右腿经旁擦地，身体向右下侧腰，手顺着脚尖方向向斜下方远伸；

5～8拍，主力腿站直，右腿向旁90°伸直，身体直立，右手经旁至三位。

第八个八拍：

1～4拍，右手落至七位的同时，右腿落旁点地，头转向右侧，目视右手；

5～8拍，收回至准备动作，结束。

七、踢腿练习

准备：左单手扶把，一位手、脚站姿。

准备拍：四拍，手经二位打开至七位。

第一个八拍：

1～4拍，右腿经擦地向前90°上踢，第2拍点地，后两拍收回一位；

5～6拍，前踢一次，一拍踢，一拍收；

7～8拍，前踢一次，一拍踢，一拍收。

第二个八拍：

1～4拍，右腿经擦地向旁90°上踢，第2拍点地，后两拍收回一位；

5～6拍，旁踢一次，一拍踢，一拍收；

7～8拍，前踢一次，一拍踢，一拍收。

第三个八拍：

1～4拍，右腿经擦地向后90°上踢，第2拍点地，后两拍收回一位；

5～6拍，后踢一次，一拍踢，一拍收；

7～8拍，后踢一次，一拍踢，一拍收。

第四个八拍：

1～8拍，经过双手扶把正步，换右单手扶把，一位脚站立，左手打开至七位。

第五个八拍～第七个八拍：

左侧动作同第一个八拍～第三个八拍。

第八个八拍：

1～8拍，一位蹲，四拍下，四拍起，手回一位，结束。

第二节 中间部分

一、手位练习

准备：两手臂自然下垂，一位脚站姿。

第一个八拍（一位手，见图7-9）：

1~8拍，双手五指自然并拢，手臂向里弯曲，双臂弧度在体前呈椭圆形，手心向上，双手中指指尖距离约10cm。

第二个八拍（二位手，见图7-10）：

1~8拍，保持一位手的形态，双手端至胃部高度。

第三个八拍（三位手，见图7-11）：

1~8拍，保持二位手的形态，双手从前方抬至头部上方。

第四个八拍（四位手，见图7-12）：

1~8拍，左手保持三位，右手原路回到二位。

第五个八拍（五位手，见图7-13）：

1~8拍，左手保持三位，右手向旁打开。

第六个八拍（六位手，见图7-14）：

1~8拍，右手保持旁开，左手从三位原路回到二位。

第七个八拍（七位手，见图7-15）：

1~8拍，右手保持旁开，左手从二位向旁打开，双手高度稍低于肩膀。

第八个八拍：

1~8拍，呼吸，双手从七位回一位，结束。

图7-9　芭蕾一位手　　图7-10　芭蕾二位手　　图7-11　芭蕾三位手　　图7-12　芭蕾四位手

图7-13　芭蕾五位手　　图7-14　芭蕾六位手　　图7-15　芭蕾七位手

二、小跳练习

准备：两手叉腰，一位脚站姿。

第一个八拍：

1~4拍，四拍一次一位小跳，1拍半蹲，da拍跳，2拍半蹲，3~4拍站，过程中注意空中直腿绷脚，以及脚趾到全脚的落地顺序，强调动作的连贯性；

5~8拍，重复第一个八拍1~4拍。

第二个八拍：

1~5拍，两拍一次，做五次，重拍半蹲，da拍跳，最后一次跳落二位脚；

6~8拍，6拍二位蹲，7~8拍站。

第三个八拍：

1~4拍，四拍一次二位小跳，做两次，动作要求同第一个八拍的一位小跳；

5~8~拍，重复第三个八拍1~4拍。

第四个八拍：

1~5拍，同第二个八拍1~5拍，最后一次跳落右前五位脚；

6~8拍，6拍五位蹲，7~8拍站。

第五个八拍：

1~8拍，四拍一次五位小跳，做两次，每次五位跳起后换脚落另一边五位，注意空中换脚打开的距离不要过大。

第六个八拍：

1~8拍，同第二个八拍1~8拍，落五位脚。

第七个八拍~第八个八拍：

重复第五个八拍~第六个八拍的动作，结束在五位站姿。

三、行进步伐练习

准备：两人一组，从6点方向向2点方向斜线行进。

（1）半脚尖步伐，双手手心朝下小七位，体朝2点方向，面向1点方向，两腿经一位半脚尖交替行进。（注意提胯，脚后跟尽量高提）

（2）小跑步伐，双手手心朝下五位，两腿交替行进奔跑。（注意身体重心前倾，脚主动于身体，步伐轻盈流畅）

四、重心与舞姿练习

准备：身体朝8点方向五位脚站立，手一位，头转向1点方向。

第一个八拍：

1~2拍，手从一位到二位；

3~4拍，手从二位分开到五位，左脚向后方4点方向擦地出；

5~6拍，身体向8点方向前倾，面朝下，手保持五位，右腿半蹲的同时左腿保持直腿绷脚，继续向4点延伸，从左手到左脚呈一条斜线；

7~8拍，原路返回至五位手后点地站立。

第二个八拍：

1~2拍，重心推至左脚，右脚前点地，手从五位到七位；

3~4拍，左腿蹲，右腿经一位擦地直腿后抬90°，右手从七位经一位到手背托起的胸前远伸，左手七位手心向下（见图7-16）；

图7-16　芭蕾下移重心练习

5~6拍，保持舞姿，向左辗转至体对7点方向；

7拍，左腿起直，保持舞姿；

8拍右脚后点地。

第三个八拍：

1~4拍，手经五位继续向后下胸腰，头看1点方向上扬；

5~6拍，双手经五位到二位，推背含胸低头，右脚擦地收五位蹲；

7~8拍，双手打开至七位，胸口展开，身体转向1点方向，平视前方，左腿站直，右脚旁擦点地。

第四个八拍：

1~4拍，重心从左腿移至右腿，左旁点地；

5~8拍，左脚擦地收至体朝2点方向的左前五位，双手从七位到一位，眼睛看向1点方向。

第五个八拍~第八个八拍：

反面动作，节奏同第一个八拍到第四个八拍，结束。

注：本章所有组训练的动作介绍以朝身体右侧为例（扫描下方二维码，可查看本章动作演示视频）。

第八章　形　体

知识目标

空乘人员通过对身体各部位形态训练、形体美综合训练以及塑形训练，达到由局部到整体的训练目的，不但可以提高身体机能，促进身体正常发育，增强身体的支撑力量和柔韧性，还为塑造良好的身体形态、提高机体的控制力打下良好的基础。

能力目标

通过系统性的形态、形体、塑形等训练，提升空乘人员对于身体各部位的控制能力，提高其对自身存在问题的发现及矫正能力，从而提高空乘人员的审美能力。

第一节　身体各部位形态训练及方法

一、上肢部位力量训练与柔韧性练习

加强手臂、肩部的力量练习和柔韧性练习，增强上肢部位的力量和灵活性，提高上肢控制能力，使身体形态更加舒展、优美。

（一）上肢部位力量训练方法

1. 哑铃前平举（见图 8-1）

两脚开立，与肩同宽，双手持哑铃，两臂体前伸直，拳眼相对；双臂同时前举至前平举。

　　　（a）　　　　　（b）

图 8-1　哑铃前平举

2. 哑铃体侧上举（见图 8-2）

两脚开立，与肩同宽，双手持哑铃，两臂体侧伸直，拳眼向前；双臂经体侧至斜上举。

3. 俯身哑铃飞鸟（见图 8-3）

两脚开立，与肩同宽，俯身与地面平行，双手持哑铃，两臂下垂，拳眼相对；双臂上抬至侧平举。

（a）　　　　（b）　　　　　　　　　（a）　　　　（b）

图8-2　哑铃体侧上举　　　　　　　图8-3　俯身哑铃飞鸟

4. 哑铃头后臂屈伸（见图 8-4）

两脚开立，与肩同宽，双手持哑铃，两臂上举，拳心相对；大臂保持不动，小臂头后做臂屈伸。

（a）　　　　　　（b）

图8-4　哑铃头后臂屈伸

（二）上肢部位柔韧性练习方法

1. 手臂侧后拉伸练习（见图 8-5）

双脚开立，与肩同宽，先屈右侧手臂，尽量放在头部后面；左手拉紧右手向头后左下侧用力拉伸。换左臂侧后拉伸，动作同右臂，方向相反。

2. 手臂向后拉伸练习（见图 8-6）

双脚开立，与肩同宽，双臂向后伸直；握双手于体后，慢慢向上抬至最大限度；然后还原成准备姿势。

图8-5　手臂侧后拉伸练习　　　图8-6　手臂向后拉伸练习

3. 绕肩练习（见图 8-7）

双脚并拢站立，双臂自然下垂于体侧；双肩前扣，上提，向后绕环一周；然后还原成准备姿势。再反方向绕环一周。

（a）　　　（b）　　　（c）　　　（d）

图8-7　绕肩

二、胸部力量训练与柔韧性练习

经常进行胸部锻炼，可使胸廓很好地发育，增大肺活量，对培养良好的身体形态有很大帮助。

（一）胸部力量训练方法

坐姿挺胸练习（见图 8-8）

双腿并拢屈膝坐于地面，脚掌着地，身体挺直，收腹立腰，双臂放于身后两侧，撑于地面；臀部抬离地面，胸部尽量向上挺，手脚不离地，保持数秒；还原成准备姿势。

（a）

（b）

图8-8　坐姿挺胸练习

（二）胸部柔韧性练习方法

胸部波浪练习（见图 8-9）

两脚并拢，双腿微屈，俯身含胸低头，双臂前伸；上体由膝关节经腰部至胸部依次前顶，手臂由前经下和后部至侧上举。

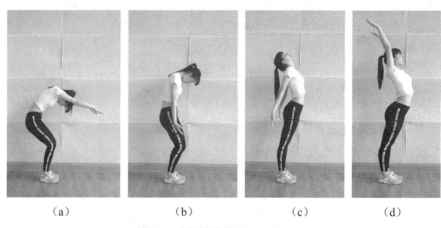

（a）　　　　（b）　　　　（c）　　　　（d）

图8-9　胸部波浪练习

三、腰腹部位力量训练与柔韧性练习

进行腰腹部力量和柔韧性锻炼，可以塑造和保持优美的身体形态。

（一）腰腹部位力量训练方法

1. 仰卧举腿练习（见图 8-10）

双臂屈肘撑地，身体挺直，双脚并拢绷脚面；双腿伸直不着地，同时慢慢抬起至与地面夹角 45°左右，控制几秒后再慢慢放下。

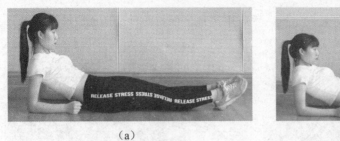 

图8-10 仰卧举腿练习

2. 仰卧两头起练习（见图8-11）

身体仰卧平躺于垫子上，双手上举贴于地面，双脚并拢绷脚面；双腿伸直抬起，同时上体前起，双臂前平举，双手尽量触碰到脚面；然后身体慢慢还原。

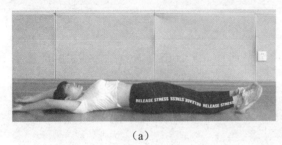 

图8-11 仰卧两头起练习

3. 双腿交叉摆腿练习（见图8-12）

双臂屈肘撑地，身体挺直，双脚并拢绷脚面；双腿伸直抬起，保持与地面夹角为30°左右，两腿上下左右交叉摆腿。

图8-12 双腿交叉摆腿练习

4. 双腿交替蹬踏式练习（见图8-13）

身体平躺于垫子上，双手枕在颈后部，双腿并拢绷脚面；弯曲双腿并抬离地面，使小腿与地面平行，先蹬出左腿，然后蹬出右腿，同时右腿还原，两腿交替进行。

第八章　形体

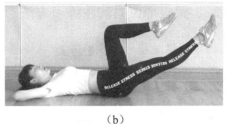

（a）　　　　　　　　　　　　　　（b）

图8-13　双腿交替蹬踏式练习

5. 腰背起练习（见图 8-14）

俯卧于垫子上，双臂后伸，双手握住放在腰背上，双腿伸直（也可以让辅助者双手压住练习者双脚）；上体尽量向上抬起练习；然后回到俯卧姿势。

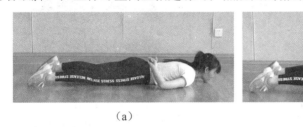

（a）　　　　　　　　　　　　　　（b）

图8-14　腰背起练习

6. 腰背两头起练习（见图 8-15）

俯卧于垫子上，双臂前伸，手心向下，双腿并拢；双腿和上体同时向上抬起，夹紧臀部。

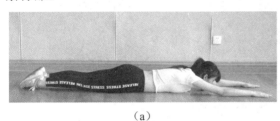
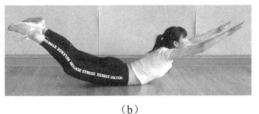

（a）　　　　　　　　　　　　　　（b）

图8-15　腰背两头起练习

7. 伸臂抬腿练习（见图 8-16）

俯卧于垫子上，双臂前伸，手心向下；右臂和左腿同时向上抬起，同时挺胸抬头，伸直腿部；还原到准备姿势。换另一侧手臂和腿再做。

（a）　　　　　　　　　　　　　　（b）

图8-16　伸臂抬腿练习

（二）腰腹部位柔韧性练习方法

1. 俯撑后仰练习（见图8-17）

俯卧，双手撑地，身体伸直抬头；慢慢让头部和上体后仰至最大幅度，保持数秒；还原到准备姿势。

2. 跪地下腰练习（见图8-18）

双腿分腿跪地，身体向后下腰，双手扶于地面。注意下腰时头尽量后抬。

图8-17　俯撑后仰练习

图8-18　跪地下腰练习

3. 含胸塌腰练习（见图8-19）

双膝跪地，双手撑地，保持背部平直，收腹；将背部向上弓起并收腹，同时让骨盆向前倾，保持弓背姿势数秒；然后背部下沉，塌腰挺胸，抬头并让臀部向后倾，保持塌腰姿势数秒。练习过程中注意呼吸的协调配合。

（a）　　　　　　　　（b）　　　　　　　　（c）

图8-19　含胸塌腰练习

四、臀部力量训练与柔韧性练习

进行臀部力量和柔韧性的练习可以塑造臀部线条，有利于获得优美的形体。

（一）臀部力量训练方法

1. 跪撑后抬腿练习（见图8-20）

身体跪撑于垫子上，抬头，目视前方；右腿向后上方抬起至最大幅度，然后慢慢放下。重复练习后，换右腿进行练习。

2. 仰卧抬臀练习（见图8-21）

仰卧于垫子上，双腿并拢屈膝，脚掌着地，双手放在身体两侧贴于地面；双肩和双脚撑地，臀部向上抬起至最大幅度，保持数秒；臀部慢慢放下。

3. 仰卧举腿练习（见图 8-22）

仰卧于垫子上，双腿并拢屈膝，脚掌着地，双手放在身体两侧贴于地面，抬腿使身体后翻，伸直双腿，膝盖尽量靠近头顶，将身体控制在半空中数秒后，慢慢放下。重复练习。

图8-20　跪撑后抬腿练习　　　图8-21　仰卧抬臀练习　　　图8-22　仰卧举腿练习

（二）臀部柔韧性练习方法

1. 坐姿开胯练习（见图 8-23）

双腿屈膝分开坐在地板上，脚心相对，双手撑于膝关节处；双手用力下压膝关节，使其贴近地面，保持立腰、立背、挺胸。

2. 俯卧开胯练习（见图 8-24）

双腿屈膝，脚心相对，俯撑于地板；把膝关节分开至最大限度，脚心贴紧，臀部下沉，大腿打开至最大限度，保持数秒。

图8-23　坐姿开胯练习　　　　　图8-24　俯卧开胯练习

五、下肢部位力量训练与柔韧性练习

进行下肢部位的力量训练和柔韧性练习，可以保持腿部围度适中，防止下肢部位脂肪堆积，使身体形态更加优美。

（一）下肢部位力量练习方法

1. 仰卧前踢腿练习（见图 8-25）

身体仰卧，双腿伸直并拢，双脚成小八字绷脚，双臂上举，手贴于地面，控制身体的稳定性；右腿直腿向上踢向头部，用脚背带动大腿快速踢起，要有一定的爆发力，左腿和身体其他部位贴住地面控制不动；然后将右腿慢慢放下。换左腿练习，重复上述动作。

2. 侧卧侧踢腿练习（见图 8-26）

身体侧卧，双腿伸直，身体里侧上臂撑地，手心向下贴地面，另一手臂屈肘放在体前手指扶地面，保持身体平衡；身体外侧的一条腿外旋，膝盖和脚面向上，直腿快速向同侧方肩部踢腿，然后有控制地直腿下落还原。身体换位侧卧，换腿重复上述动作。

3. 俯身跪地后踢腿练习（见图 8-27）

上身前俯，双手撑地，左腿跪立，右腿向后伸直，绷脚面点地；右腿伸直向后上方踢腿，肩部和髋部要正，挺胸塌腰；后腿下落，绷脚面点地还原。换腿重复上述动作。

图8-25　仰卧前踢腿练习　　图8-26　侧卧侧踢腿练习　　图8-27　俯身跪地后踢腿练习

4. 绷、勾脚尖练习（见图 8-28）

身体挺直坐地，双臂放于身体侧后方，双手扶地面保持身体平衡，双腿并拢伸直；收腹立腰，双脚绷脚面，两脚用力向上勾起；两脚绷脚面还原。

5. 原地提踵练习（见图 8-29）

小八字站立，双手叉腰，立腰挺背，目视前方；双脚向上提踵立起，然后放下。

（a）　　　　（b）　　　　　　　　　（a）　　　　（b）

图8-28　绷、勾脚尖练习　　　　图8-29　原地提踵练习

（二）下肢部位柔韧性练习方法

1. 坐位体前屈练习（见图 8-30）

双腿并拢坐于地面，上体伸直；身体向前屈，尽量贴近腿部，也可以由辅助者在后方双手按于练习者腰背部，向前下方施力按压。

2. 分腿侧压腿练习（见图 8-31）

双腿分开坐于地面，上体伸直；右臂向左侧伸展，身体向左侧下压，左肩尽量贴近大腿，上身尽量保持直立。换方向练习。

图8-30　坐位体前屈练习

图8-31　分腿侧压腿练习

3. 压脚背练习（见图 8-32）

双腿屈膝跪于垫子上，双脚脚面接触垫子，臀部坐于脚跟上，双手支撑于身体侧后方，保持身体平衡；双膝并拢向上抬起，身体向后倒，重心后移，感到脚背有拉伸感。

（a）

（b）

图8-32　压脚背练习

4. 转脚踝练习（见图 8-33）

身体坐立于地面，双腿向前伸直并拢，绷脚面，双手支撑于身体两侧；双脚用力勾脚，踝关节尽力向脚的外侧横展，再向外侧下压；双脚还原。

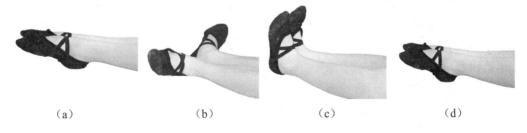

（a）　　　　　（b）　　　　　（c）　　　　　（d）

图8-33　转脚踝练习

第二节　形体美综合训练及方法

一、古典舞身韵组合

准备：面向 1 点方向，下肢盘腿而坐，上身拔背挺胸，目视前方，双手兰花掌背于身后，如图 8-34 所示。

图8-34　古典舞准备动作

弱起。

第一个八拍：

1~4 拍，上身缓慢下沉，吐气；

5~8 拍，上身缓慢上提，吸气，感受脊椎由下而上一节一节直立。

第二个八拍：

1~4 拍，上身缓慢下沉，吐气，肘部向前，双手从腰间抽出分别搭在两膝上；

5~8 拍，上身缓慢上提，吸气，感受脊椎由下而上一节一节直立。

第三个八拍：

1~4 拍，上身向右旁移；

5~6 拍，上身划至 1 点，形成舞姿"腆"；

7~8 拍，上身回正。

第四个八拍：

1~4 拍，上身向左旁移；

5~6 拍，上身划至 5 点，形成舞姿"靠"；

7~8 拍，上身回正。

第五个八拍：

1~2 拍，上身向 2 点方向冲，同时右手摊掌，如图 8-35 所示；

3~4 拍，小臂弯回，按掌于胸前；

5~6 拍，上身向 6 点方向靠，同时右手提腕至 2 点方向摊掌；

7~8拍，身体回正，手搭至膝盖。

图8-35 单摊掌手位

第六个八拍：

1~2拍，上身向8点方向冲，同时右手摊掌；

3~4拍，小臂弯回，按掌于胸前；

5~6拍，上身向4点方向靠，同时右手提腕至8点方向摊掌；

7~8拍，身体回正，手搭至膝盖。

第七个八拍：

1~2拍，右手从2点方向由下托至上；

3~4拍，右手按掌于胸前；

5拍，左手从右手与身体之间穿掌至头顶；

6拍，左手在头顶盘腕；

7~8拍，左手掌心朝外抹下背于身后。

第八个八拍：

1~2拍，左手从8点方向由下托至上；

3~4拍，左手按掌于胸前；

5拍，右手从左手与身体之间穿掌至头顶；

6拍，右手在头顶盘腕；

7~8拍，右手掌心朝外抹下背于身后。

第九个八拍：

1拍，左手推掌于胸前；

2拍，右手与左手交叉推掌于胸前；

3拍，左手摊掌于2点上方；

4拍，右手摊掌于8点上方；

5~6拍，左手下右手上，做云手；

7~8拍，双手放回两膝。

第十个八拍：

1拍，左手2点下方摊掌；

2拍，右手8点下方摊掌；

3拍，左手推掌于额头上方；

4拍，右手与左手交叉推掌于额头上方；

5～6拍，头顶小五花；

7～8拍，双手放回两膝。

第十一个八拍：

1～4拍，由左至右做小的双晃手；

5～8拍，由左至右做大的双晃手至顺风旗，如图8-36所示。

图8-36 顺风旗

第十二个八拍：

1～4拍，左手收肘回抽，右手下沉后直臂拎起画圆，打开至顺风旗，同时右腿打开至体侧；

5～8拍，双手提腕至头顶，右脚上步站立，双脚加紧立半脚掌，身体向左转至2点方向。

第十三个八拍：

1～2拍，面对2点，右手收肘回抽，双手做掏手，打开至顺风旗，右脚向2点方向垫步，左脚跟上呈踏步；

3～4拍，保持上身舞姿，双脚平抹向右转身至8点方向，重心落在左腿；

5拍，左手提腕拎起，右脚经擦地撩出，身体及重心留后；

6拍，左手提至头顶，双脚立，重心跟上；

7～8拍，左手、右手依次摇臂，背至身后。

第十四个八拍：

1～4拍，上身向8点方向前倾，左手抽出向8点斜下方延伸，右脚向前迈步，左脚在后做大曳步，如图8-37所示；

5～6拍，右手提腕，从体侧托掌起到2点斜上方，左手收至左腮旁，左脚落至右脚前，加紧立住；

7～8拍，左手背后，右手手背带领身体向右侧延长，双脚加紧平拧从右转5点，右脚旁点地，左侧出胯。

图8-37 大曳步

第十五个八拍：

1~2拍，面对8点，左手收肘回抽，双手做掏手，打开至顺风旗，左脚向8点方向垫步，右脚跟上呈踏步；

3~4拍，保持上身舞姿，双脚平抹向左转身至2点方向，重心落在右腿；

5拍，右手提腕拎起，左脚经擦地擦出，身体及重心留后；

6拍，右手提至头顶，双脚立，重心跟上；

7~8拍，右手、左手依次摇臂，背至身后。

第十六个八拍：

1~4拍，上身向2点方向前倾，右手抽出向2点斜下方延伸，左脚向前迈步，右脚在后做大曳步；

5~6拍，右手提腕，从体侧托掌起到2点斜上方，左手收至左腮旁，右脚落至左脚前，加紧立住；

7~8拍，右手背后，左手手背带领身体向右侧延长，双脚加紧平拧从右转5点，左脚旁点地，右侧出胯。

第十七个八拍：

1~4拍，双脚位置不变，从左转向1点，左手按掌于胸前，左手顺脸左侧穿出，向右出胯；

5~8拍，左右手摇臂转向8点，右手托起，左手向旁延伸，左腿吸起，如图8-38所示。

图8-38 单吸腿

第十八个八拍：

1～4拍，双手背后，圆场步向后移动；

5～6拍，左脚上步并腿转，双手在头顶做小的云手；

7～8拍，双手向两旁抹开，双脚向1点上步。

第十九个八拍：

1～2拍，左脚向旁迈步，双手由右下小五花经头顶至左下；

3拍，加速重复一遍1～2拍动作；

4拍，双手拎起停至头顶，双脚立半脚掌；

5～8拍，身体拧向7点，左手朝5点，右手朝1点打开，如图8-39所示。

图8-39　古典舞姿

第二十个八拍：

1～4拍，左手按掌，右手穿掌至头顶盘腕，右脚后踏步转身；

5～8拍，右脚向2点方向滑出，转身单腿跪地，左脚跟上。

第二十一个八拍：

1～2拍，身体前倾，双手向前延伸；

3～4拍，身体立直，双手手背相对拉至头顶；

5～8拍，上身加胸腰，双手向两旁抹开。

第二十二个八拍：

1～2拍，左腿打开至8点，屈膝放平，右腿向后延伸，左手背后，右手拉长划至脸左侧；

3～4拍，右手打开至5点，带动身体转身，同时双腿屈膝立起，绷脚脚尖点地；

5～8拍，左手托掌慢起。

第二十三个八拍：

1～4拍，小腿收回跪地，双手从右下侧小五花至左上侧延伸；

5～8拍，胯部提起，右腿向旁延长，双手经过胸前交叉向身体两侧抽出，左手撑地，右手指尖指向天花板，如图8-40所示。

第二十四个八拍：

1～8拍，坐地，右腿收至8点，身体后倾加胸腰，左手高右手低托掌，造型保持至音乐结束,如图 8-41 所示。

图8-40 地面舞姿

图8-41 结束舞姿

二、中国民族民间舞蹈组合

中国民族民间舞蹈是中国传统舞蹈艺术的源泉。风情醇厚、多姿多彩的中国民族民间舞蹈在中国历史文化长河中世代生息演进,流传至今。在历史和自然条件的影响下,我国形成了种类繁多、风格各异,具有地区特点的民间舞蹈,据统计,我国的民族民间舞蹈有700余种。

中国民族民间舞来自民族传统艺术,提炼于各民族生活。让孩子学习民族民间舞,是启发孩子们对舞蹈的感知力、表现力最直接的方式,并且有助于孩子兴趣爱好的培养、艺术修养的养成、优雅气质的塑造。

1. 傣族女子舞蹈组合

在民族民间舞蹈中,傣族舞蹈"三道弯"的体态是其最重要的特征,变化多端的造型充分体现出傣族女子柔美、婀娜的体态。通过傣族多变的舞蹈造型加强体肢的控制能力,通过基本步伐训练下肢的灵活性,掌握跨步弧线的运动特征,为以后的学习打下一个良好的基础。

基本动作:基本手形、掌形(见图 8-42、图 8-43)、嘴形(见图 8-44)。

基本体态:三道弯。

 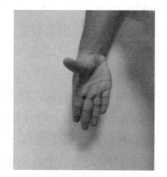 

图8-42 傣族女子舞蹈组合基本手形　图8-43 傣族女子舞蹈组合基本掌形　图8-44 傣族女子舞蹈组合嘴形

组合

准备：面对左边，左脚前踮步加半蹲，身体前倾，保持三道弯的体态，左手掌在胯旁，右手嘴形屈臂（见图 8-45）。

第一段

第一个八拍：

1～4 拍，在准备工作的基础上呼气，身体下沉，落手；

5 拍：右脚上前踮步，身体直立，双手掌形，左手快速经体侧穿手到三位，右手在胯旁，展胸腰，眼睛看左手斜上方；

6～8 拍，停在造型上，保持不动。

第二个八拍：

1 拍，换重心到右脚，同时转身面对正后方，变成左旁踮步，右手打开到七位，左手背手在身体后，双手距离保持与肩同宽，双手掌形，指尖对上面，回头看左侧方向（见图 8-46）；

图8-45　傣族女子舞蹈组合准备动作　　图8-46　傣族女子舞蹈组合第一段第二个八拍1拍动作

2～4 拍，停在造型上，保持不动；

5～6 拍，在造型的基础上，右手转腕，指尖对前，一拍推出，指尖对外；

7～8 拍，停在造型上，保持不动。

第三个八拍：

1～2 拍，第 2 拍呼吸，同时双臂打开至七位，绕弯两次；

3～4 拍，吐气，同时双手在第七位基础上向身体方向收手腕，身体重心在右脚，下左旁腰，左腿在旁，收小腿，眼睛看左手边斜下方向（见图 8-47）；

5～8 拍，呼吸，双手指尖带着，回到第二个八拍 1～4 拍的造型上。

第四个八拍：

1～4 拍，向前上右脚，左手经头顶绕划到胯旁，右手在保持第七位的基础上转腕，指尖对下，回头，眼睛看左边斜上方向，下右旁腰（见图8-48）；

5～8拍，在造型上做原地舞姿，转两圈。

图8-47　傣族女子舞蹈组合第一　　　　图8-48　傣族女子舞蹈组合第一段
　　　　段第三个八拍3～4拍动作　　　　　　　　　第四个八拍1～4拍动作

第五个八拍～第八个八拍：

做第一个八拍～第四个八拍的反面动作。

第九个八拍：

1～2拍，面朝左侧方向，右脚前踮步，右手穿手到三位，左手在胯旁，下胸腰，眼睛看向左侧（见图8-49）；

3～8拍，呼气，同时背对做侧方碎步后退，右手朝身体正前方慢落至二位。

第十个八拍：

1～4拍，面对正后方下左旁腰，左脚旁踮步，右手至胯旁，左手七位，眼睛看右边斜上方向；

5～8拍，以左脚为中心，捻转半圈，面对正前方，舞姿保持不变（见图8-50）。

图8-49　傣族女子舞蹈组合第一段　　　　图8-50　傣族女子舞蹈组合第一段
　　　　第九个八拍1～2拍动作　　　　　　　　　　第十个八拍5～8拍动作

第十一个八拍：

1~4拍，先迈左脚，向右边行进三步，变成右脚旁踮步，双手同时在七位手的基础上经腋下掏到三位，手背相对，向右下旁腰，眼睛看左边斜上方向；

5~8拍，保持造型。

第十二个八拍：

1~4拍，回身向正后方行进，双手慢落到自然位；

5~6拍，右脚快速旁踮，提胯，右手贴着身体斜后穿手到三位，左手从肋间穿手到后腰的位置，指尖朝下，手在中轴线位置，眼睛看向左边斜上方（见图8-51）；

7~8拍，呼气，右手从旁慢落，重心回正。

第二段

第一个八拍：

基本步行进，先走右脚，两拍一步，对后方，双手在胯旁自然摆动；第四步原地踮步，同时向左回身，回头看正前方向（见图8-52）。

图8-51　傣族女子舞蹈组合第一段
第十二个八拍5~6拍动作

图8-52　傣族女子舞蹈组合第二段
第一个八拍动作

第二个八拍：

做第一个八拍的反面动作。

第三个八拍~第四个八拍：

重复第一个八拍~第二个八拍的动作。

第五个八拍：

右转身，朝右斜前方行进，两拍一步，胯旁推拉手，做两次（见图8-53）。

第六个八拍：

重复第五个八拍的动作。

第七个八拍~第八个八拍：

做第五个八拍~第六个八拍的反面动作。

（a） （b）

图8-53 傣族女子舞蹈组合第二段第五个八拍动作

间奏四拍：

对右斜前方向上右脚踏步；右手二位平摊，掌心朝上，指尖向下，左手肩旁按手，一拍到位，保持不动（见图 8-54）。

第九个八拍：

面对一个方向基本步行进，先走右脚，双手与肩同宽，后平摆，一拍一步，最后一拍迈左脚，同时转身面对正后方向。

图8-54 傣族女子舞蹈组合第二段第一个间奏四拍动作

第十个八拍：

面对正后方向，重复第九个八拍的动作。

间奏四拍：

快转身回正前方向；左脚旁踮步；右手三位，指尖向外打开，左手小二位，上托至腮前（见图 8-55）。

第三段

第一个八拍:

1~4 拍,换重心撤右脚,面对右斜前方向左脚前踮步,上身在三道弯的基础上前倾,右手二位平托手,左手放在胯旁;

5~8 拍,保持造型,屈伸两拍一次,做两次。

第二个八拍:

1~4 拍,换重心到左脚旁踮步,下左旁腰,右手向里经上弧线落到胯旁,左手从胯旁穿手到七位平托,眼睛看右边斜上方;

5~8 拍,保持造型,屈伸两拍一次,做两次。

第三个八拍:

1~4 拍,向左拧身,面对正后方向,脚下不动,拧身变成左脚在前的踏步,加半蹲,右手贴着身体穿手到头顶,屈小臂,使其呈 90°,左手贴着身体平摊,与肩平齐,眼睛看左手边的方向(见图 8-56);

5~8 拍,保持造型,屈伸两拍一次,做两次。

图 8-55 傣族女子舞蹈组合第二段
第二个间奏四拍动作

图 8-56 傣族女子舞蹈组合第三段
第三个八拍 1~4 拍动作

第四段

第一个八拍~第四个八拍:

重复第二段第一个八拍~第四个八拍的动作。

第五个八拍~第六个八拍:

面对左斜后方向做第二段第五个八拍~第六个八拍的动作。

间奏四拍:

上右脚踏步转身对正前方向,同时双手向旁平开,左手经头顶划手打开到七位,下右旁腰。

第七个八拍:

基本步,先走左脚,向左原地转一圈,一拍一步,右手至左胯前按掌,左手胸前平穿手,指尖带着走圈,眼睛看向左后方向,形成回旋的体态。

第八个八拍:

1~6拍,面对正前方向,向左侧方向进,基本步加半脚,先迈左脚,右手胯旁随动,左手搭肩,留头看一点钟方向,一拍一步(见图8-57);

7~8拍,面对左侧方向,上右脚前踮步,右手胯旁,左手穿手至三位,指尖朝外,下胸腰,眼睛看左斜上方向,结束(见图8-58)。

图8-57　傣族女子舞蹈组合第四段第八个八拍1~6拍动作　　图8-58　傣族女子舞蹈组合第四段第八个八拍7~8拍动作

2. 维吾尔族女子舞蹈组合

新疆维吾尔自治区素有"歌舞之乡"的美誉。维吾尔族男女老少皆能歌善舞,舞蹈的节奏特点鲜明,音乐轻快,奔放,利落。舞蹈要求立腰拔背,女性摆身点颤的动作强调了对节奏及呼吸把握的重要性,手臂动作变化多样,造型性强,在舞姿变化中强调手臂及腕部的灵活运用,脚下步伐变化丰富,强调节奏的准确性。总之,维吾尔族舞蹈对身体表现力的要求非常细致,从而形成了维吾尔族舞蹈"挺而不僵,颤而不窜,脚下不离散,上身洒得开"等特点。基本动作、基本体态如图8-59所示,手形如图8-60所示。

基本手位

基本手位有插花式(见图8-61)、横推手(见图8-62)、遮羞式(见图8-63)、托帽式(见图8-64)。

图8-59　维吾尔族女子舞蹈组合基本动作、基本体态　　图8-60　维吾尔族女子舞蹈组合手形

图8-61　维吾尔族女子舞蹈组合插花式手位

图8-62　维吾尔族女子舞蹈组合横推手手位

图8-63　维吾尔族女子舞蹈组合遮羞式手位

图8-64　维吾尔族女子舞蹈组合托帽式手位

组合

准备：面对正前方向，在旁点步基础上身体下落全蹲，重心在左脚，眼睛看向两点方向，右手立腕于胸前，左手抬至头顶上方拉长（见图8-65）。

前奏

第一个八拍：

右手绕腕同时慢慢地直线落手，至胯旁自然垂直，眼睛看前方。

第二个八拍：

慢起身到右脚在前的旁点位，同时做移颈，一拍一次，小幅度地做，眼睛看右斜前方向。

第三个八拍：

自由步面对正前方进行，两步慢的（两拍），四步快的（一拍），双手在胯旁随动。

第四个八拍：

小八字位，胸前平开手，先做右手再做左手，两拍一次，行礼，右手扶肩，起身（见图8-66）。

图8-65　维吾尔族女子舞蹈组合准备动作　　图8-66　维吾尔族女子舞蹈组合前奏第四个八拍动作

第一段

第一个八拍：

1～4拍，上右脚变左脚后踮步，双手经过绕腕到叉腰手，眼睛看前方；

5～8拍，保持舞姿不动。

第二个八拍：

在舞姿基础上做摇身点颤，两拍一次。

第三个八拍：

1～4拍，左脚后撤变右脚前点步，双手绕腕平开到横推手；

5～8拍，保持舞姿不动。

第四个八拍：

在舞姿基础上做摇身点颤，两拍一次。

第五个八拍：

1～4拍，上右脚变左脚后点步，双手经过绕腕到遮羞式，眼睛看左边斜下方。

第六个八拍：

在舞姿基础上做摇身点颤，两拍一次。

第七个八拍：

1～4 拍，上左脚变右脚后点步，双手经过绕腕到托帽式（右手托帽），眼睛看左手斜上方；

5～8拍，保持舞姿不动。

第八个八拍：

在舞姿基础上做摇身点颤，两拍一次。

第二段

第一个八拍：

撤移步，四拍一次，先撤右脚，叉腰手。

第二个八拍：

继续做撤移步，双手插花式变横推手（见图8-67）。

第三个八拍：

在撤移步的基础上做点肩平穿，四拍一次，最后一拍穿手的同时向右转身，面对五点钟方向（见图8-68）。

图8-67　维吾尔族女子舞蹈组合第二段　　　图8-68　维吾尔族女子舞蹈组合第二段
　　　　　第二个八拍动作　　　　　　　　　　　　　　第三个八拍动作

第四个八拍：

面对正后方点肩平穿两次，最后一拍穿手的同时向右转身回一点钟方向。

第五个八拍：

1~4拍，一拍向右斜前方向快上步，先迈右脚，左脚跟上变右脚后点步，左手上托手，留头看一点钟方向，保持舞姿不动；

5~8拍，在舞姿基础上做原地摇身点颤。

第六个八拍：

摇身点颤的同时，左手从上托手经过捋辫式慢落至体旁自然下垂；最后一拍迈左脚，经过半蹲换重心，变右脚旁点地直立，双手从右平摊手绕腕，到左手上托，右手围腰，眼睛看前方，快速完成。

第三段

第一个八拍：

三步一停后退，两拍一次，先撤右脚；双手保持与肩同宽，从胸前经右侧胯旁划手，绕腕至斜后立腕，上身慢到位，身体随手部动作右拧，加胸腰。

第二个八拍：

做第二段第一个八拍的反面动作。

第三个八拍、第四个八拍：

进退步，先迈右脚，双手做叉腰手，同时右拧身，两拍一次朝前方进行。

第五个八拍：

右起转体三步一抬转体，向后方移动，第4次，双手左腕（见图8-69）。

图8-69　维吾尔族女子舞蹈组合第三段第五个八拍动作

第六个八拍：

转身右起三步一拍转体，向前方行进，做四次，双手绕腰托式横手位，左右交替进行。

第七个八拍：

重复第三段第五个八拍的动作。

第八个八拍：

重复第三段第六个八拍的动作。

第四段

第一个八拍：

1～4拍，身体对右斜前方向，左脚在前横垫步，眼睛顺向右臂看向右斜前方向，一拍一次（见图8-70）；

5～6拍，双手上托式扣手翻掌两次（见图8-71）；

7～8拍，在前一舞姿基础上翻身，转半圈。

图8-70　维吾尔族女子舞蹈组合第四段　　图8-71　维吾尔族女子舞蹈组合第四段
第一个八拍1～4拍动作　　　　　　　　第一个八拍5～6拍动作

第二个八拍：

做第四段第一个八拍的反面动作。

第三个八拍：

起左脚在前的横垫步，面对正后方，向左横移，在双手上托式的基础上做弹指（见图8-72）。

第四个八拍：

右起同时左转身面对前方，横垫步向左移动，双手摊手朝左侧做摊手绕腕，两拍一次，身体前倾看左手方向。

第五个八拍：

左手平开，跑大圈一圈，然后回到中间面对前方。

第六个八拍：

1~6拍，在保持前一舞姿的基础上原地转圈；

7~8拍，一拍上右脚立，左脚旁点，双手经下弧线绕腕至头顶；下左腰，右手至胸前，左手顺左腿方向拉开（见图8-73）。

图8-72 维吾尔族女子舞蹈组合第四段第三个八拍动作

图8-73 维吾尔族女子舞蹈组合第四段第六个八拍7~8拍动作

三、健美操

（一）手位组合一

手位组合一中共有八节动作，每节4个八拍，共32个八拍。通过练习，学习者可掌握正确的手型，对健美操的上肢动作形成正确的动作概念，如表8-1所示。

预备姿势：双腿分立约与肩宽，双臂下垂，自然放在体侧，抬头，挺胸，收腹，紧腰。练习时下肢保持不动，动作熟练后下肢可配合提踵动作进行练习。

表 8-1　健美操手位组合一动作练习

第一节		
动作图解 （第一个八拍、 第二个八拍）	第一个八拍： 　　1～2　　　　3～4　　　　5～6　　　　7～8 第二个八拍： 　　1～2　　　　3～4　　　　5～6　　　　7～8	
动作说明	下肢动作	保持站立姿势，两腿分立约与肩宽
	上肢动作	第一个八拍： 1～2 拍，双臂胸前交叉 3～4 拍，双臂经前向上成侧上举 5～6 拍，左臂弯曲至于头后，右臂上举 7～8 拍，双臂胸前平屈 第二个八拍： 1～2 拍，左臂不动，右臂向前下方冲拳 3～4 拍，左臂体前屈，右臂胸前平屈 5～6 拍，左臂回到胸前平屈姿势，向上提拉，手腕弯曲，右臂立腕，保持胸前平屈 7～8 拍，动作同 5～6 拍，但反方向做
	备注	手型： 第一个八拍，握拳 第二个八拍，1～2 拍，握拳；3～4 拍，左手"剪刀手"，右手握拳；5～8 拍，并掌 第三个八拍，重复第一个八拍和第二个八拍的动作，唯速度加快一倍 第四个八拍，重复第三个八拍的动作

续表

		第二节
动作图解 （第一个八拍、 第二个八拍）		第一个八拍： 　　1～2　　3～4　　5～6　　7～8 第二个八拍： 　　1～2　　3～4　　5～6　　7～8
动作说明	下肢动作	保持站立姿势，两腿分立约与肩宽
	上肢动作	第一个八拍： 1～2拍，双臂收于左腰际 3～4拍，动作同1～2拍，但换方向做 5～8拍，左臂下举于体侧，右臂经体前向上绕至肩侧屈 第二个八拍： 1～2拍，右臂不动，左臂向前下方冲拳 3～4拍，左臂斜上举，右臂斜下举 5～6拍，双臂胸前屈臂交叉 7～8拍，双臂斜上举
	备注	手型： 第一个八拍，立掌 第二个八拍，1～2拍，左手握拳，右手并掌；3～6拍，握拳；7～8拍，花掌 第三个八拍，重复第一个八拍和第二个八拍的动作，唯速度加快一倍 第四个八拍，重复第三个八拍的动作

续表

	第三节	
动作图解 （第一个八拍、 第二个八拍）	第一个八拍： 　1～2　　　3～4　　　5～6　　　7～8 第二个八拍： 　1～2　　　3～4　　　5～6　　　7～8	
动作说明	下肢动作	保持站立姿势，两腿分立约与肩宽
	上肢动作	第一个八拍： 1～2拍，双臂体前屈 3～4拍，双臂向上，成上举 5～6拍，双臂经体侧成侧举 7～8拍，双臂胸前交叉 第二个八拍： 1～2拍，双臂斜上举 3～4拍，双臂胸前交叉 5～6拍，双臂斜下举 7～8拍，同3～4拍
	备注	手型： 第一个八拍，1～2拍，握拳；3～6拍，分掌；7～8拍，握拳 第二个八拍，1～2拍，分掌；3～4拍，握拳；5～6拍，分掌；7～8拍，握拳 第三个八拍，重复第一个八拍和第二个八拍的动作，唯速度加快一倍 第四个八拍，重复第三个八拍的动作

续表

	第四节	
动作图解 （第一个八拍、 第二个八拍）	第一个八拍： 1～2　　3～4　　5～6　　7～8 第二个八拍： 1～2　　3～4　　5～6　　7～8	
动作说明	下肢动作	保持站立姿势，两腿分立约与肩宽
	上肢动作	第一个八拍： 1～2拍，双臂肩侧屈 3～4拍，双臂侧上举 5～6拍，双臂上举击掌 7～8拍，左臂前举，右臂上举 第二个八拍： 1～2拍，左臂侧举，右臂不动 3～4拍，左臂经体侧上举，右臂经体侧成侧举 5～6拍，双臂胸前屈交叉 7～8拍，还原成预备姿势
	备注	手型： 第一个八拍，1～2拍，并掌；3～4拍，花掌；5～6拍，并掌；7～8拍，花掌 第二个八拍，1～4拍，花掌；5～6拍，握拳；7～8拍，并掌 第三个八拍，重复第一个八拍和第二个八拍的动作，唯速度加快一倍 第四个八拍，重复第三个八拍动作

续表

	第五节	
动作图解 （第一个八拍、 第二个八拍）	第一个八拍： 1～2　　3～4　　5～6　　7～8 第二个八拍： 1～2　　3～4　　5～6　　7～8	
动作说明	下肢动作	保持站立姿势，两腿分立约与肩宽
	上肢动作	第一个八拍： 1～2拍，左臂侧举，右臂肩侧屈，右手置于头后，掌心向前 3～4拍，左臂弯曲，手置于头后，右臂上举，掌心向前 5～6拍，双臂肩侧屈 7～8拍，双臂同时向前下方冲拳 第二个八拍： 1～2拍，双臂胸前屈　　3～4拍，双臂叉腰 5～6拍，双臂胸前交叉　　7～8拍，还原成预备姿势
	备注	手型： 第一个八拍，1～4拍，分掌；5～8拍，握拳 第二个八拍，1～4拍，握拳；5～8拍，并掌 第三个八拍重复第一个八拍和第二个八拍的动作，唯速度加快一倍 第四个八拍，重复第三个八拍的动作

续表

		第六节	
动作图解 （第一个八拍、 第二个八拍）		第一个八拍： 　　1～2　　3～4　　5～6　　7～8 第二个八拍： 　　1～2　　3～4　　5～6　　7～8	
动作说明	上肢动作	保持站立姿势，两腿分立约与肩宽	
	下肢动作	第一个八拍： 1～2拍，双臂侧举 3～4拍，双臂体侧成左臂下举，右臂上举 5～6拍，双臂胸前平屈 7～8拍，同1～2拍 第二个八拍： 1～2拍，左臂下举，右臂胸前平屈 3～4拍，左臂下举不动，右臂斜上举 5～6拍，左臂上提至胸前平屈，右臂斜上举不动 7～8拍，左臂斜上举，右臂成斜下举	
	备注	手型：并掌 第三个八拍，重复第一个八拍和第二个八拍动作，唯速度加快一倍 第四个八拍，重复第三个八拍的动作	

续表

	第七节	
动作图解 （第一个八拍、 第二个八拍）	第一个八拍： 　　1~2　　　　3~4　　　　5~6　　　　7~8 第二个八拍： 　　1~2　　　　3~4　　　　5~6　　　　7~8	
动作说明	下肢动作	保持站立姿势，两腿分立约与肩宽
	上肢动作	第一个八拍： 1~2拍，左臂经体前向外绕至上举，右臂不动 3~4拍，动作同1~2拍，但换右臂作 5~6拍，双臂弯曲，左臂至于面前，右臂至于头后 7~8拍，左臂前举，右臂上举 第二个八拍： 1~2拍，双臂胸前平屈 3~4拍，双臂斜下举 5~6拍，双臂头上击掌 7~8拍，还原成预备姿势
	备注	手型： 第一个八拍，1~8拍，花掌 第二个八拍，1~2拍，握拳；3~4拍，分掌；5~8拍，并掌 第三个八拍，重复第一个八拍和第二个八拍的动作，唯速度加快一倍 第四个八拍，重复第三个八拍的动作

续表

	第八节	
动作图解（第一个八拍、第二个八拍）	第一个八拍：	
	1～2　　3～4　　5～6　　7～8	
	第二个八拍：	
	1～2　　3～4　　5～6　　7～8	
动作说明	下肢动作	保持站立姿势，两腿分立约与肩宽
	上肢动作	第一个八拍： 1～2拍，左臂胸前平屈，右臂背后后屈 3～4拍，左臂侧举，右臂斜上举 5～6拍，左臂胸前屈，右臂下举 7～8拍，左臂不动，右臂动作同5～6拍左臂动作，成两臂胸前交叉 第二个八拍： 1～2拍，双臂斜下举 3～4拍，双臂体侧向上举，在头顶击掌，同时上体左转90° 5～6拍，上体右转90°，双臂向下成斜下举 7～8拍，还原成预备姿势
	备注	手型： 第一个八拍，1～2拍，握拳；3～8拍，花掌 第二个八拍，1～2拍，分掌；3～4拍，并掌；5～6拍，分掌；7～8拍，并掌 第三个八拍，重复第一个八拍和第二个八拍的动作，唯速度加快一倍 第四个八拍，重复第三个八拍的动作

（二）手位组合二

手位组合二共有八节动作，每节 4 个八拍，共 32 个八拍。通过练习，学习者可掌握正确的手型，对健美操的上肢动作形成正确的动作概念，如表 8-2 所示。

预备姿势：双腿分立约与肩宽，双臂下垂，自然放在体侧，抬头，挺胸，收腹，紧腰。可配合提踵动作进行练习。

表 8-2 健美操手位组合二动作练习

		第一节
动作图解（第一个八拍、第二个八拍）		第一个八拍： 1~2　3~4　5~6　7~8 第二个八拍： 1~2　3~4　5~6　7~8
动作说明	下肢动作	1~2 拍，双腿分立，半蹲　3~4 拍，还原成站立姿势　5~8 拍，重复 1~4 拍
	上肢动作	第一个八拍： 1~2 拍，双臂经前至上举　　　3~4 拍，双臂经侧至侧举 5~6 拍，双臂前举　　　　　　7~8 拍，双臂胸前平屈 第二个八拍： 1~2 拍，双臂斜上举　　　　　3~4 拍，双臂经侧向下，成下举 5~6 拍，双臂向内绕至斜上举　7~8 拍，双臂经侧向下成下举，还原成预备姿势
	备注	手型： 第一个八拍，1~6 拍，并掌；7~8 拍，握拳 第二个八拍，1~8 拍，并掌 第三个八拍，重复第一个八拍和第二个八拍的动作，唯速度加快一倍 第四个八拍，重复第三个八拍的动作

续表

			第二节
动作图解（第一个八拍、第二个八拍）			第一个八拍： 1~2　　3~4　　5~6　　7~8 第二个八拍： 1~2　　3~4　　5~6　　7~8
动作说明	下肢动作		1~2拍，双腿半蹲 3~4拍，还原成站立姿势 5~8拍，重复1~4拍
	上肢动作		第一个八拍： 1~2拍，双臂胸前平屈 3~4拍，右臂向斜下方冲拳 5~6拍，右臂不动，左臂向斜下方冲拳，成双臂腹前交叉 7~8拍，双臂上提至右臂胸前平屈，左臂侧举 第二个八拍： 1~2拍，左臂不动，右臂成侧举 3~4拍，右臂不动，左臂经侧向上成上举 5~6拍，双臂胸前交叉 7~8拍，双臂打开成斜下举
	备注		手型：握拳 第三个八拍，重复第一个八拍和第二个八拍的动作，唯速度加快一倍 第四个八拍，重复第三个八拍的动作

续表

		第三节			
动作图解（第一个八拍、第二个八拍）		第一个八拍： 1～2　　　　3～4　　　　5～6　　　　7～8 第二个八拍： 1～2　　　　3～4　　　　5～6　　　　7～8			
动作说明	下肢动作	1～2拍，双腿半蹲 3～4拍，还原成站立姿势 5～8拍，重复1～4拍			
	上肢动作	第一个八拍： 1～2拍，双臂胸前平屈 3～4拍，右臂斜上举，左臂斜下举 5～6拍，动作同1～2拍 7～8拍，动作同3～4拍，但反方向做 第二个八拍： 1～2拍，右臂斜上举，左臂斜下举 3～4拍，动作同1～2拍，但反方向做 5～6拍，双臂胸前屈，胸前击掌 7～8拍，还原成预备姿势			
	备注	手型： 第一个八拍，1～2拍，握拳；3～4拍，并掌；5～6拍，握拳；7～8拍，并掌 第二个八拍，1～8拍，并掌 第三个八拍，重复第一个八拍和第二个八拍的动作，唯速度加快一倍 第四个八拍，重复第三个八拍的动作			

续表

		第四节
动作图解（第一个八拍、第二个八拍）		第一个八拍： 　　　1~2　　　　3~4　　　　5~6　　　　7~8 第二个八拍： 　　　1~2　　　　3~4　　　　5~6　　　　7~8
动作说明	下肢动作	1~2拍，双腿半蹲 3~4拍，还原成站立姿势 5~8拍，重复1~4拍
	上肢动作	第一个八拍： 1~2拍，右臂经侧至肩侧屈，大小臂成90° 3~4拍，右臂不动，左臂动作同1~2拍左臂动作 5~8拍，双臂经上举向内绕环一周至双臂肩侧屈 第二个八拍： 1~2拍，右臂不动，左臂小臂成下举，拳心向后 3~4拍，左臂成小臂向上的肩侧屈，右臂成小臂下举的肩侧屈 5~6拍，左臂下举，右臂胸前屈 7~8拍，还原成预备姿势
	备注	手型：握拳 第三个八拍，重复第一个八拍和第二个八拍的动作，唯速度加快一倍 第四个八拍，重复第三个八拍的动作

续表

	第五节			
动作图解（第一个八拍、第二个八拍）	第一个八拍： 1～2　　　　3～4　　　　5～6　　　　7～8 第二个八拍： 1～2　　　　3～4　　　　5～6　　　　7～8			
动作说明	下肢动作	1～2拍，双腿半蹲 3～4拍，还原成站立姿势 第一个八拍 5～8拍，站立姿势 第二个八拍： 5～8拍，重复1～4拍		
	上肢动作	第一个八拍： 1～4拍，右臂经下向外绕至肩侧屈 5～8拍，右臂不动，左臂动作同1～4拍右臂动作 第二个八拍： 1～2拍，双臂胸前交叉，手指触肩 3～4拍，双臂成肩侧屈，手指触肩 5～6拍，双臂向上伸直，击掌 7～8拍，双臂下拉至胸前，双手相握		
	备注	手型：并掌 第三个八拍，重复第一个八拍和第二个八拍的动作，唯速度加快一倍 第四个八拍，重复第三个八拍的动作		

续表

第六节

动作图解（第一个八拍、第二个八拍）	第一个八拍： 1～2　3～4　5～6　7～8 第二个八拍： 1～2　3～4　5～6　7～8	
动作说明	下肢动作	1～2拍，双腿半蹲 3～4拍，还原成站立姿势 5～8拍，重复1～4拍
	上肢动作	第一个八拍： 1～2拍，双臂斜下举 3～4拍，双臂经侧向上成上举交叉 5～6拍，双臂经侧成侧举 7～8拍，双臂前举击掌 第二个八拍： 1～2拍，双臂胸前平屈，两手位于面前 3～4拍，左臂上举，右臂侧举 5～6拍，左臂下拉至头后屈，右臂经侧上举 7～8拍，左臂侧举，右臂下拉成体前平屈
	备注	手型：分掌 第三个八拍，重复第一个八拍和第二个八拍的动作，唯速度加快一倍 第四个八拍，重复第三个八拍的动作

续表

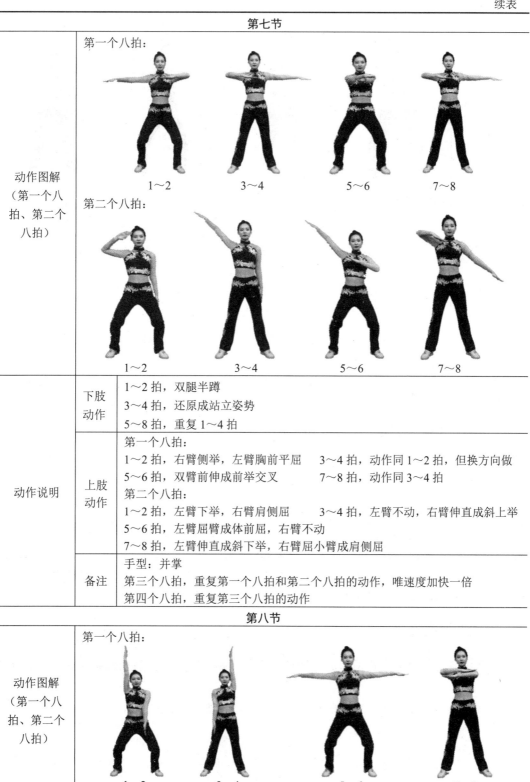

动作图解（第一个八拍、第二个八拍）		第七节
		第一个八拍： 1～2　　3～4　　5～6　　7～8 第二个八拍： 1～2　　3～4　　5～6　　7～8
动作说明	下肢动作	1～2拍，双腿半蹲 3～4拍，还原成站立姿势 5～8拍，重复1～4拍
	上肢动作	第一个八拍： 1～2拍，右臂侧举，左臂胸前平屈　　3～4拍，动作同1～2拍，但换方向做 5～6拍，双臂前伸成前举交叉　　7～8拍，动作同3～4拍 第二个八拍： 1～2拍，左臂下举，右臂肩侧屈　　3～4拍，左臂不动，右臂伸直成斜上举 5～6拍，左臂屈臂成体前屈，右臂不动 7～8拍，左臂伸直成斜下举，右臂屈小臂成肩侧屈
	备注	手型：并掌 第三个八拍，重复第一个八拍和第二个八拍的动作，唯速度加快一倍 第四个八拍，重复第三个八拍的动作
动作图解（第一个八拍、第二个八拍）		第八节
		第一个八拍： 1～2　　3～4　　5～6　　7～8

续表

		第二个八拍：
动作图解（第一个八拍、第二个八拍）		1～2　　　　　　3～4　　　　　　5～6　　　　　　7～8
动作说明	下肢动作	1～2拍，双腿分立，半蹲 3～4拍，还原成站立姿势 5～8拍，重复1～4拍
	上肢动作	第一个八拍： 1～2拍，左臂前下举，右臂经前成上举 3～4拍，右臂经前向下成下举，左臂经前成上举 5～6拍，双臂经侧成侧举 7～8拍，双臂胸前平屈 第二个八拍： 1～2拍，双臂胸前交叉，两手位于面前 3～4拍，双臂向前下方伸直，冲拳 5～6拍，双臂向下经侧绕至肩侧屈 7～8拍，双臂经侧向下至体侧
	备注	手型： 第一个八拍，1～8拍，并掌 第二个八拍，1～2拍，花掌；3～4拍，握拳； 　　　　　　5～6拍，花掌；7～8拍，还原成并掌 第三个八拍，重复第一个八拍和第二个八拍的动作，唯速度加快一倍 第四个八拍，重复第三个八拍的动作

接下来介绍两个步伐组合，通过对基本步伐的组合练习，练习者可以逐渐掌握健美操正确的弹动技术及身体控制技术，提高下肢的灵活性。

（三）步伐组合一

步伐组合一由16个八拍组成。动作由右脚开始，四个八拍后换左脚开始，如表8-3所示。

预备姿势：两脚并立，双臂自然下垂。挺胸，抬头，收腹紧腰。

表 8-3 健美操步伐组合一动作练习

组合 A			
动作图解（第一个八拍）	1　2　3　4　5　6　7　8		
动作说明	下肢动作	1～4 拍，由右脚开始，踏步四次 5～8 拍，由右脚开始向右做交叉步，最后一拍以左腿后屈姿势结束	
	上肢动作	双手保持叉腰姿势	
动作图解（第二个八拍）	1　2　3　4　5　6　7　8		

续表

动作说明	下肢动作	1~8拍，做左脚开始的侧并步 1拍，身体右转90°，左脚向前迈出　2拍，并右脚　3拍，右脚向右迈一步 4拍，并左脚　5拍，身体左转90°，左脚向左迈一步　6拍，并右脚 7拍，右脚向右迈一步　8拍：并左脚
	上肢动作	双手保持叉腰姿势

动作图解（第三个八拍）

1　2　3　4
5　6　7　8

动作说明	下肢动作	1~4拍，向左做左脚开始的交叉步，第四拍成右腿后屈 5~8拍，右脚向左前方迈出，左漫步一次，第八拍成左腿后屈姿势
	上肢动作	双手保持叉腰姿势

动作图解（第四个八拍）

1　2　3　4

动作图解 （第四个八拍）		
动作说明	下肢动作	1~3拍，左脚开始，向前走三步 4拍，提右膝 5~6拍，右脚向右侧落地，完成一次后屈腿（左腿后屈） 7拍，左脚侧点地一次 8拍，左腿后屈一次
	上肢动作	双手保持叉腰姿势

备注：第五个八拍~第八个八拍动作同第一个八拍~第四个八拍的动作，唯方向相反

组合 B

动作图解 （第一个八拍）	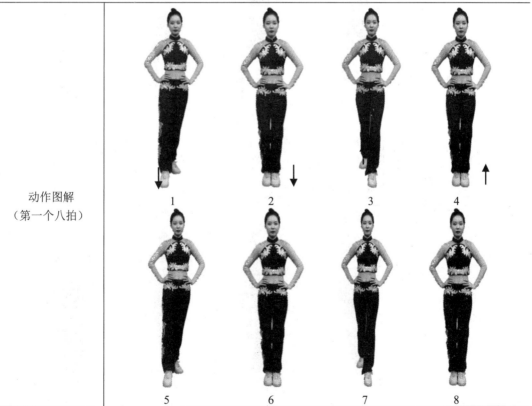

续表

动作说明	下肢动作	1~4拍，完成两次一字步 1拍，右脚向前一步　　　2拍，左脚并右脚 3拍，右脚向后退一步　　4拍，左脚并右脚 5~8拍，动作同1~4拍
	上肢动作	双手保持叉腰姿势

动作图解（第二个八拍）

动作说明	下肢动作	1~8拍，完成两次从右脚开始的"V"字步，其中3~4拍，身体右转180° 7~8拍，身体再右转180°
	上肢动作	双手保持叉腰姿势

动作图解（第三个八拍）

续表

动作图解 （第三个八拍）			5　　　　　6　　　　　7　　　　　8	
动作说明	下肢动作		1拍，右脚向前一步　　　2拍，左腿提膝 3拍，左脚向后退一步　　4拍，右脚并左脚 5～8拍，做左脚开始的交叉步一次，第八拍时右腿后屈	
	上肢动作		双手保持叉腰姿势	
动作图解 （第四个八拍）			1　　　　　2　　　　　3　　　　　4 5　　　　　6　　　　　7　　　　　8	
动作说明	下肢动作		1～2拍，右脚向右，做一次侧并步 3～4拍，左脚向左，做一次侧并步 5拍，右脚向右迈一步　　6拍，侧摆腿跳一次 7～8拍，做左脚开始的后漫步一次，第八拍时成左腿后屈姿势	
	上肢动作		双手保持叉腰姿势	
备注：第五个八拍～第八个八拍动作同第一个八拍～第四个八拍的动作，唯方向相反				

（四）步伐组合二

步伐组合二由 16 个八拍组成。动作由右脚开始，四个八拍后换左脚开始，如表 8-4 所示。

预备姿势：两脚并立，双臂自然下垂。挺胸，抬头，收腹紧腰。

表 8-4　健美操步伐组合二动作练习

组合 A		
动作图解（第一个八拍）	 \[图示 1～8\]	
动作说明	下肢动作	1～4 拍，向右做右脚开始的交叉步一次，第四拍时左腿后屈 5～6 拍，左腿后点地一次 7～8 拍，左腿向左侧点地一次
	上肢动作	双手保持叉腰姿势
动作图解（第二个八拍）	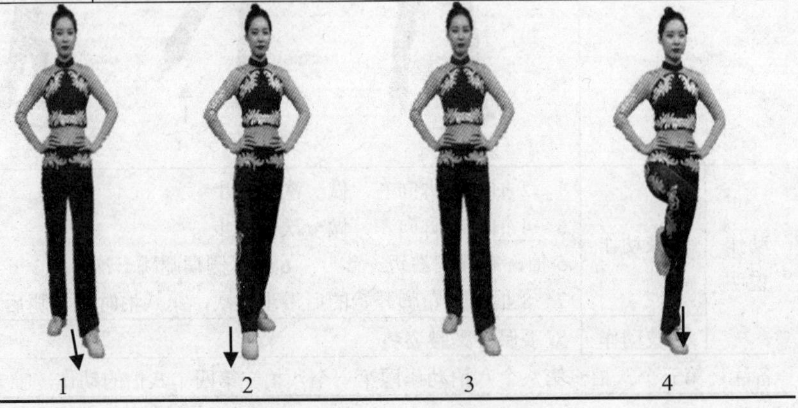 \[图示 1～4\]	

续表

第八章　形体

动作图解 （第二个八拍）	5　　　6　　　7　　　8	
动作说明	下肢动作	1～3拍，由左脚开始，向前走三步 4拍，右腿提膝一次 5～6拍，做右脚开始的向右的侧并步一次 7～8拍，动作同5～6拍
	上肢动作	双手保持叉腰姿势
动作图解 （第三个八拍）	1　　　2　　　3　　　4 5　　　6　　　7　　　8	

137

续表

动作说明	下肢动作	1～2拍，开合跳一次 3～4拍，重复1～2拍动作 5～6拍，向左前方做左脚开始的侧并步跳一次 7～8拍，动作同5～6拍，但换方向做
	上肢动作	双手保持叉腰姿势

动作图解
（第四个八拍）

1　2　3　4
5　6　7　8

动作说明	下肢动作	1～4拍，右脚开始，后踢跑四次 5～8拍，完成两次弹踢腿（左腿开始） 5～6拍，左腿向前弹踢一次 7～8拍，动作同5～6拍，但方向相反
	上肢动作	双手保持叉腰姿势

备注：第五个八拍～第八个八拍动作与第一个八拍～第四个八拍的动作相同，唯方向相反

组合B

动作图解
（第一个八拍）

1　2　3　4

续表

动作图解 （第一个八拍）		5　　　　　　　　6　　　　　　　　7　　　　　　　　8	
动作说明	下肢动作	1~2拍，右脚向斜后方迈步，左脚并右脚，完成向后的侧并步一次 3~4拍，动作同1~2拍，但换方向做 5拍，右脚向前一步　　　　　6拍，左脚前点地，脚跟着地 7拍，左脚向后一步　　　　　8拍，右脚向后点地一次	
	上肢动作	双手保持叉腰姿势	
动作图解 （第二个八拍）		1　　　　　　　　2　　　　　　　　3　　　　　　　　4 5　　　　　　　　6　　　　　　　　7　　　　　　　　8	
动作说明	下肢动作	1~4拍，由右脚开始，踏步四次，同时右转一周 5~6拍，完成由左脚开始的后屈腿一次 7~8拍，动作同5~6拍，但动作相反	
	上肢动作	双手保持叉腰姿势	

续表

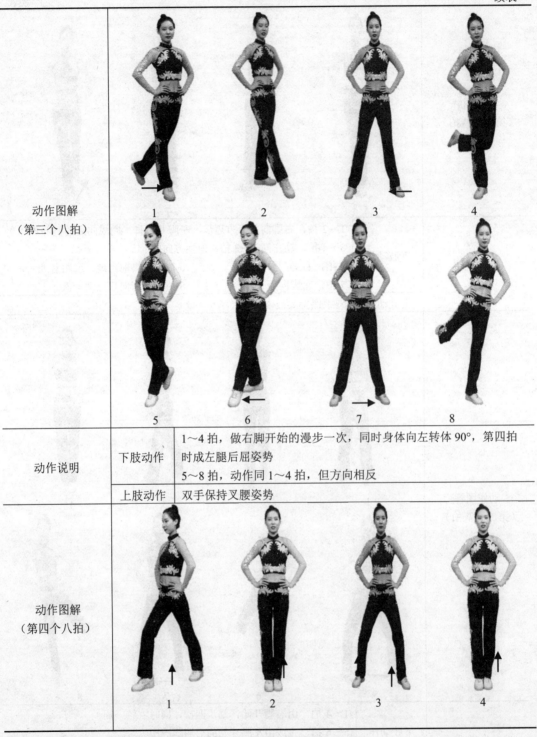

动作图解 （第三个八拍）			
1	2	3	4
5	6	7	8

动作说明	下肢动作	1~4拍，做右脚开始的漫步一次，同时身体向左转体90°，第四拍时成左腿后屈姿势 5~8拍，动作同1~4拍，但方向相反
	上肢动作	双手保持叉腰姿势

动作图解 （第四个八拍）			
1	2	3	4

续表

动作图解 （第四个八拍）		
动作说明	下肢动作	1～2拍，右弓步跳一次，身体右转90° 3～4拍，开合跳一次 5～6拍，向左做侧并步小跳两次 7～8拍，动作同5～6拍，但方向相反
	上肢动作	双手保持叉腰姿势

四、瑜伽

（一）初级功法

1. 颈功

功法：

（1）坐下，盘腿或伸直两腿（或用任何一种瑜伽坐姿打坐都可以），如果你愿意的话，甚至还可以用一种稳定的站姿站立，或坐在一张直背椅子上；两肩保持平直不动。

（2）把头部转向右边，再转向左边。重复做8～10次（一左一右等于一次）。

（3）然后，一面两眼向前直视，一面将头部轮流地向右方和左方倾斜。重复做8～10次。

（4）接着，轻柔地把头向后仰和向前低头。重复做8～10次。

（5）最后，头部做轻柔的圆圈旋转运动。开始时做小圆圈旋转运动，渐渐增大到尽可能大的圆圈旋转运动，但不要使颈部用力过度。顺时针方向至少转动8～10次，逆时针方向至少转动8～10次。

功能：有助于预防、消除紧张感和头痛，使人感到舒缓放松，头脑清爽；放松脖子、头部、肩膀；滋养喉部和脖子；对脸部和头皮有益。

注意事项：这些练习要做得缓慢而轻柔，不要让颈部肌肉因为用力过度而劳累。

2. 肩肘功

功法：

（1）挺直身躯站立，两脚并拢；两臂向前伸出，与地面平行，两手掌心向上。

（2）两肘弯曲，用手指尖轻拍肩头；再把双臂向前伸出。重复做这个练习8～10次。

（3）两肘弯曲，用手指尖轻拍肩头；再把两臂向两侧伸出。重复做这个练习8～10次。

功能：放松肩膀和手臂；强壮臂部肌肉。

3. 简易鱼功第一式

功法：

（1）仰卧，弯曲右腿，把右脚放在左大腿之上。

（2）呼气，利用两肘支撑力，抬高颈项和胸膛，背部拱起，把头顶放落在地面上。

（3）用双手抓住右脚，尽量拱起背部。深呼吸，保持此姿势1～2分钟。

（4）慢慢回复到起始姿势。

换另一侧肢体做同样的练习。

如果难以做到弯曲一条腿，并把脚放在另一大腿之上，可以换下面这种做法：

（1）仰卧，两腿伸出。

（2）呼气，抬高颈和胸，拱起背部，把头顶部位放落地上，两手放在两大腿之上。

（3）深呼吸，动作以感到舒适为宜，尽量长久地保持这个姿势。

（4）回复到开始时的姿势。

功能：伸展肠脏和其他内部器官，有益于治疗一切腹部疾病；滋养内分泌腺体，放松骨盆关节，刺激胰脏，促进消化过程；扩展胸膛，有助于消除支气管的咳嗽痉挛；伸展颈项，改善甲状腺功能；放松肩关节，有助于纠正圆形或驼起的背部；治疗发炎或流血的痔疮；调节不规律的月经；消除紧张感。

注意事项：有头痛病的人不宜做此练习。

4. 拱背伸腿功

功法：

（1）仰卧，两腿并拢。做几次深呼吸，放松休息。

（2）拱起背部，伸直颈项，把头顶向后滑动，让头顶着地。若有必要，可以用双肘抵住地板往下压，以帮助拱起背部和将头部往后收。

（3）把手放回体侧。

（4）做几次呼吸，伸展背部，呼气，将两脚提升，使脚离地面约61cm。

（5）两手合掌，举起双臂，让两臂与两腿平行，两臂保持互相靠拢，两腿也保持互相靠拢，两肘、两膝不要弯曲，保持只有臀部和头顶部位着地。正常呼吸，保持这个姿势15～30秒钟。

（6）呼气，慢慢放下两臂、两腿，放直颈项，把背部放到地上。休息，放松。

功能：伸展颈部和背部，强壮脊柱，增进脊柱的弹性；对胸部、腹部肌肉和甲状腺有益。

5. 直角功

功法：

（1）挺直身子站立，两脚靠拢，两臂靠体侧下垂。

（2）双手十指相交紧握，高举过头。抬头，两眼注视相握的双手。

（3）呼气，用你的脊柱基座作为支点，向前弯身，直到你的背部和双腿形成一个直角。在此期间，始终两眼注视十指相交的双手，呼吸要如常，保持这个姿势 6～12 秒。

（4）恢复直立姿势，两眼一直注视十指相交的双手。

重复该练习至少 12 次。

功能：增强、松弛腿部肌肉；改善体态，对驼背和双肩下垂的人有益处；能消除紧张感。

6. 下躯摇摆功

功法：

（1）仰卧，两腿伸直。

（2）屈膝收腿，两大腿尽量收近胸部。双手十指相交，放在头部后边。

（3）一边保持两肘平贴地面，一边让身体向左右两侧摇动，即从一侧向另一侧摇动。至少做 12 次完全的摇动动作。

功能：补养、按摩上背部和肩膀，增强血液循环；对腹部器官及很多部位有益处。

7. 半弓第一式

功法：

（1）俯卧，两腿伸直。

（2）让下巴贴地，右手掌心向下，放在头的右侧。

（3）左腿朝左臀方向弯曲，左手抓住左脚背。

（4）深深吸气后，右手撑地板，抬起头、颈、肩膀和胸膛。同时，拉起左腿，缓慢地呼吸。

（5）呼气，慢慢地将肩膀和胸膛放到地上，同时，也把左腿放下。两手放回身体两侧，脸颊贴地，放松一会儿。

换身体另一侧做同样的练习。

功能：伸展腰背部肌肉，对内脏、肝脏等器官有好处；可以预防胆、肾结石，有助于治疗肠胃失调、消化不良、慢性便秘和肝脏机能不振等疾病；减少腰围线上的脂肪。

注意事项：患脊椎移位、疝气、胃溃疡、肠结核等疾病者，得到医生同意才能做此练习。

8. 猫伸展功

功法：

（1）跪下来，坐在脚跟上，伸直背部。

（2）抬起臀部，两手放在地上，形成种"四脚"姿势。

（3）吸气，抬头，收缩背部肌肉。保持此姿势 6 秒。

（4）呼气，垂下头，拱起脊柱。保持此姿势 6 秒。

（5）两臂伸直，垂直于地面。凹背和拱背两种姿势交替各做 12 次。

功能：使脊柱更加富有弹性，并放松颈项和肩膀；补养和增强神经系统；消除腰部脂肪；促进血液循环；改善消化系统。

9. 简易双角功

功法：

（1）两脚分开与肩同宽，两手在后面相交。

（2）吸气，向后伸展两臂，掌心指向背部。

（3）呼气，头向后弯。

（4）吸气，右脚向前踏一步；以腰部为支点，一边呼气，一边向前弯身，尽量让前额靠近右膝，保持姿势时屏气；两臂放低，尽量靠近地板方向。

（5）一边慢慢地吸气，一边慢慢地伸直身子。

（6）呼气，把右脚收回来。

换身体另一侧做同样的练习。

功能：松动腿肚子和大腿肌肉，放松肩膀和上背部肌肉；拉伸肩胛骨。

10. 简易半骆驼功

功法：

（1）跪下，两膝稍微分开，两手叉腰。

（2）呼气，骨盆向前推，脊梁骨稍微拱起，脖子向后伸展。

（3）慢慢地吸气，同时伸直上身；轻轻地呼气，放低身体；吸气，慢慢地伸直上身；呼气，上身转向右边。

（4）吸气，向后弯腰，右手放在左脚脚跟上。

（5）呼气，手臂向上伸展，头稍抬高，眼睛看着手指。

（6）吸气，放下手臂；呼气，上身慢慢伸直，两手叉腰。

换身体另一侧做同样的练习。

功能：防止、消除背疼；使脊梁骨更加柔软，增强下背部肌肉；伸展和结实腹部肌肉和器官；对消化系统有益，有助于消除便秘。

11. 摇腿功

功法：

（1）两腿伸直地坐着，一边保持左腿伸直在地板上，一边把右脚、右腿朝向身体方向弯曲起来，右脚底指向身体的左边。

（2）用右手抓住右膝，用左手抓住右脚，右脚的任何部位都不要碰到地面。

（3）用连续不断的动作把小腿从右到左、从左到右地摇摆，连续做 10 次。

换身体另一侧做同样的练习。

（4）用右臂的肘部抱着右膝，左臂的肘部抱着你的右脚，两手相交，轻轻地从一边摇摆到另一边，连续做 10 次。

（5）把左肘向上弯，拉起来，以不感到勉强、费劲为限度地尽量向上拉高。保持此姿势 6 秒。

（6）一边保持右脚抬高，一边把右腿尽量拉近胸膛，保持 6 秒。

换身体另一侧做同样的练习。

功能：放松大腿肌肉；轻柔地按摩骨盆；使髋关节、膝盖更加灵活。

12. 武士坐

功法：

（1）两腿伸直地坐着。弯曲右膝，把左膝抬高一点点，把右脚放在左膝之下。

（2）右膝举向前方，右脚跟尽量贴近左臀部的旁边。

（3）弯曲左腿，把左腿放在右腿之上。此时，左脚的外缘是放在地上的；右膝盖着落在地上，左膝盖在右膝盖之上或略略偏于左方；臀部稳定地靠落在地上，背部和头部保持伸直。

功能：减轻痔疮症状；消除腿部风湿，使大腿肌肉持续富有弹性，治好腿部抽筋。

13. 五眼镜蛇功

功法：

（1）俯卧，双手贴在身旁，两腿并拢，让任意一边脸颊着地，全身完全放松。

（2）转动头部，让前额靠在地面上；张开双眼，眼珠向上翻；仅用面部和颈部的肌肉带动头部，慢慢把头翘起，头部向后翘得越多越好。

（3）发挥背部肌肉的作用（不要用手），把双肩和躯干逐步抬高，尽可能向后翘。在做这个动作的过程中，要慢慢吸气。

（4）把两手置于双肩之下，两手手指相对。

（5）背部继续上升和翘起（成反拱），只在必要时才借助双手的力量，换而言之，主要靠背部肌肉的力量带动背部动作。当达到动作的最大限度时，放松，蓄气不呼，保持这样的姿势约7～12秒。

在练习过程中始终要使头部向后翘，后翘程度以感到舒适为宜；一定要使肚脐尽可能贴紧地面；当抬起躯干、翘起背部时，脊柱应一个脊椎接一个脊椎地翘起来，应先从脊柱顶部第一节脊椎开始翘起，练习开始时将眼珠向眼眶上方翻起，目的就在于提醒练习者记住这一点，设想有两条线牵着两眼上眼睑，把头向上方和后方拉，于是脊柱就会一个脊椎接一个脊椎地向上升起和翘起，动作要均匀、缓慢。在整个练习过程中，始终要放松双腿。

注意：最后的姿势要以感到舒适为宜，尽量长久地保持这个姿势不动，要正常地呼吸。

复原方法：慢慢呼气，逐渐把躯干放回地板上，其程序和原先举起躯干的步骤恰恰相反；在放下躯干时，有必要才使用双手，当不需要用手时，将手放回身体两侧；下背部的脊椎先向下贴，循此做下去，一节脊椎接一节脊椎地放下，直到胸部回到地面上、前额接触地面为止；在放下躯干的同时，可以让双眼从原先向上翻看逐步转为向下看，把头转向一边，全身放松约20秒。

较慢做法所用的呼吸交替程序：原先在抬起躯干的全过程中只做吸气，现在改为吸气吸至将两手放至双肩下面的时候为止；至此时稍停下，呼气；然后慢慢举起躯干，同时慢慢吸气。

功能：有助于治疗各种背疼和比较轻微的脊椎神经痛，使轻微错位的脊椎骨重新恢复到正确的位置；减轻和消除背部、颈部的紧张感；防止肾结石；改善月经不调，使身体活动得到平衡；增强消化能力，解除便秘，增进食欲；促进血液循环。

注意事项：做动作时不要勉强、逼迫背部可能要练习一段时间才能使背部轻松地做出标准动作，不要强迫身体去做暂时不能做的事；切记每次只动一节脊椎地慢慢做整个练习；患甲状腺功能亢进、肠结核、胃溃疡和疝气的人不要做这个练习。

（二）中级功法

1. 新月功

功法：

（1）双膝跪地，两脚脚背贴地。

（2）吸气，抬起右膝，右脚平放地上，让右小腿和大腿垂直。

（3）呼气，从腰部向前弯身；两手心平放在右脚的两旁。

（4）左腿向后滑动伸展，吸气，同时伸直肩部，挺起胸膛，头和颈向后弯。保持姿势时屏气，用手指按着地。

（5）呼气，头、颈和身子向前弯，两手平放在地上，右膝放回左膝的旁边，休息一会儿。

换身体另一侧做同样的练习。

功能：强壮和伸展腿部肌肉，按摩腹部器官，柔软脊梁骨，解除脖子上肌肉的紧张感。

2. 简易单腿竖功

功法：

（1）仰卧，双臂放在身体两侧，双手掌心向下，双腿平放、伸直。

（2）弯起左膝，左脚平放在左臀的前面。

（3）吸气，慢慢地举起右腿，尽量地伸直它，保持正常的呼吸。

（4）用脚腕做支点，前后地弯曲右脚。

（5）呼气，轻轻地将右腿放下，伸直左腿。

换身体另一侧做同样的练习。

功能：锻炼腹部肌肉。

3. 半莲花坐功

功法：

（1）坐下，两腿向前伸直。

（2）弯曲右腿并让右脚脚底板顶紧左大腿内侧。弯曲左腿并把左脚放你的右大腿上面。使头、颈和躯干保持在一条直线上，以这个姿势坐着直至感到极不舒服为止。

（3）交换两腿位置，继续做下去。这样交替练习能使身体渐渐适应半莲花坐功。

功能：强壮脊柱和腹部肌肉，放松髋关节、膝关节和踝指骨；对哮喘和支气管炎有益处；放松神经系统。

注意事项：患有坐骨神经痛的人不宜做这个练习。

4. 顶峰功

功法：

（1）跪下，臀部放在两脚脚踝上，脊柱挺直。

（2）两手放在地上，抬高臀部，两手、两膝着地跪下来。

（3）吸气，伸直两腿，将臀部抬得更高，此时双臂和背部应形成一条直线，头部处于两臂之间，整个身体应像一个三角形的样子，将脚跟放在地面上，如果脚跟不能停留在地面上，就让脚跟上下蹦弹，来帮助伸展腿腱。正常地呼吸，保持这个姿势约1分钟。

重复练习6次。

功能：消除疲劳，恢复精力；强壮坐骨神经；降低心跳率；消除脚跟疼痛和僵硬感，软化跟骨骨刺。

注意事项：患高血压和风湿病的人要医生同意才能做。

5. 交叉腿功

功法：

（1）仰卧，两臂分别指向左右两边。

（2）一边吸气，一边竖起右腿；一边呼气，一边向身体左侧放低右腿，右脚的内侧放在地上。保持姿势时轻轻地呼吸，两腿尽量保持伸直，左脚的外侧贴地。

（3）一边吸气，一边轻起右腿；一边呼气，一边放下右腿。

换身体的另一侧做同样的练习。左右反复练习几次。

功效：减少腰围脂肪，锻炼腿部肌肉，放松髋关节和骨盆。

6. 战士伸展功

功法：

（1）站立，以不勉强身体为限度，尽量地分开两脚。

（2）右脚向右转90°，左脚向右转15～20°角；抬起两臂，一手抓着另一手。

（3）呼气，右膝向右弯曲，左腿也伸向右边。保持姿势时，正常地呼吸；背要伸直，左膝盖也要尽量伸直；眼睛看向前方。

（4）吸气，伸直右膝，脚趾头伸向前方。

换身体另一侧做同样的练习。

功能：改善体态，结实腿部。

7. 树功

功法：

（1）直立，两脚并拢，两臂伸直，两手掌心向内，轻贴左右大腿的外侧。

（2）右脚跟提起到左侧腹股沟和左大腿上半部区域，右脚尖向下，把右脚放稳在左大腿上。

（3）一边用左腿平衡全身站着，一边双掌合十；两臂伸直，高举过头。深深吸气，保持这个姿势 30 秒～1 分钟。

（4）将合十的双掌收至胸部便分开，伸直右腿，恢复"基本站立式"。

可以继续把左脚放在右腿上，重做这个练习。

功能：锻炼腿部、背部和胸部的肌肉，强健两踝；改善人的体态，改善平衡能力和注意力。

8. 初节犁功

功法：

（1）首先，把几个垫子叠起来。身体越僵硬，需要用的垫子越多。

（2）仰卧，垫子放在头后方约 33cm 处，两脚并拢，掌心向下。一边吸气，一边慢慢地举起两腿。

（3）两腿垂直于地面时呼气，继续把两腿伸过头的上方，两脚落在垫子上，用两手捧住下背部的两边。坚持这个姿势，做缓慢平稳的呼气。

（4）下来时放下两臂，掌心向下。吸气，让背部一节脊椎接一节脊椎地放下；呼气，慢慢地把两腿放低，若能把脚放得更低，可以试着拿开一两个垫子。

反复练习几次。

功能：减轻背部疼痛、改善背部僵硬；促进血液循环；收缩和按摩腹部肌肉；有益于肾脏、肝脏、脾脏、胰脏和内分泌腺体；治疗头痛、痔疮、糖尿病、便秘。

9. 桥功第一式

功法：

（1）仰卧，两臂放于身体两侧，两手掌心向下；弯起膝盖，两脚平放在地上。

（2）两脚尽量移近臀部，两手抓住脚跟。（如果两手没法抓到脚跟，就将脚跟平放在地上）

（3）一边吸气，一边抬起臀部，再慢慢地抬起背部。保持姿势时正常地呼吸。

（4）下来时，呼气，一节脊椎接一节脊椎地放下背部，然后，臀部轻轻地落地。

（5）慢慢地吸气，先抬高臀部，再逐步抬高背部，尽量让两条上臂靠近肩胛骨。

（6）继续向上拱起上身和大腿，正常地呼吸，保持大腿与地面平行，腹部和胸膛挺起。

（7）下来时，一个脊椎接一个脊椎地放下背部，再放下臀部；两手掌心向上。放松整个身体，闭上眼睛，伸直两腿，特别放松下背部、大腿和腹部。

功能：促进下背部血液循环，减轻背疼；按摩腹部器官；强壮背部，结实臀部肌肉。

五、普拉提

动作 1：仰卧，颈部放松，保持脊椎的自然弯曲；吸气 5 拍，慢慢吐气 5 拍，同时收缩腹部并起上体。

动作 2：仰卧，腹部收缩，双脚离地；背部需要尽量贴紧地面，同时颈部放松；呼气时梗起脖子，使头部离开地面，同时提膝，使膝盖靠近上身。

动作 3：面朝下俯卧，头顶心向前顶，沉肩；收缩腹部的肌肉，将肚脐部抬离地面；腹部位置不变，吸气并且抬头，手臂和胸部离开地面，背部肌肉收紧；呼气时上身躯干静止，将两腿尽量抬离地面，以背肌不过度紧张为限；呼气后将身体慢慢放下。

动作 4：双手撑地，呈俯卧撑的姿势，腹部、臀部收紧，身体躯干呈一条直线，静止 20 秒；身体中心躯干轻轻地上下移动，抬起、放下，反复做 12~15 次。

动作 5：呈俯卧撑的姿势，和动作 4 的前半部分一样，抬起左腿，同时吐气，髋关节不能移动（注意，要通过腹部肌肉的收缩来带动抬腿的动作）；左腿放下时吸气，再换抬右腿时吐气。（要做到沉肩，背部挺直，髋部不移动，并尽可能伸长颈部；两腿轻轻地交替抬起、放下，保持均匀的速度）

以上五个动作可以单独练习，也可以依次练习，并循环 2~3 次。

动作 6（坐姿转体）：双腿屈膝并拢，双臂平行于地面，静止、吸气；吸气时收缩腹肌并将躯干转向一侧，加强侧腰及肋间肌的力量。（尽量加大躯干后倾及扭转的幅度）

动作 7（单侧跪撑平衡练习）：左腿跪撑，右脚尖后侧点地，左臂平行于地面打开，收紧腰、腹、背部肌肉，并保证体重均匀分布在左膝及右手掌上，静止、吸气；呼气时右脚尖离地，至右腿平行于地面时停住。（保持动作时自然呼吸；充分调动全身肌肉群，以保持平衡状态，尤其是腰、腹、背、臀部的肌肉。此动作加强核心部位的稳固性及身体平衡性）

动作 8（臀腿收紧摆动）：左腿屈膝侧坐于垫上，右腿屈膝并收紧臀、腿部肌肉，使右腿内侧平行地面（膝盖勿沉向地面），双臂稍宽于肩膀，手掌撑地；在右腿不动的前提下打开双臂，躯干向上立起，右侧腰及臀、腿的紧张感加强；然后，伸直右膝，右腿平行于地面向前摆动；最后，双腿直膝并拢，手掌体后撑地，交换动作方向。（注意力集中于侧腰、臀上缘及大腿肌肉的紧张上，动作匀速，勿借助惯性）

动作 9（屈臂俯撑）：双屈臂俯身撑地；收缩腰腹肌，将上半身撑离地面，双脚脚趾抓紧地面，大腿及臀部肌肉向中间夹紧，使身体呈"一"字，并尽量保持躯干稳定。（肩胛骨内收，收紧背、腰、臀、腹肌肉，勿蹋腰）

动作 10（腰背肌强化训练）：俯卧，双臂置于头两侧，两腿自然分开，静止、吸气；呼气时收缩背、腰、臀、腿部的肌肉，四肢在伸直（肘、膝）关节的前提下向高抬起，并保持片刻，做自然呼吸。

动作 11（腿部环绕）：身体平躺在垫子上，双臂放于体侧；先把一条腿向上举起，另一条伸直或者弯曲放在地上，腹部收紧，腰部贴紧地面；吸气的时候用向上举起的腿划圈，顺、逆时针方向均可；呼气时则回到起点，并停止动作；这样一个方向做 4~6 次，然后换方向再做 4~6 次。（过程中腿部环绕的幅度不要太大，并保持臀部、髋关节不动）

动作 12（直立普拉提）：两脚分开，与髋同宽，手臂伸直上举，手掌相对；右脚伸直，右腿上抬，与左腿成 45°；右脚沿顺时针方向画 3 个圆圈，这个过程髋部是平衡的，然后反向 3 个圆圈；完成后，右脚收回地面，并将右脚向右侧抬起，脚背弯曲，并沿顺时针方向和逆时针方向画圆圈，然后左脚重复右脚动作。（这种锻炼是健美腿部和臀部

的好方法，同时，直立进行动作练习能提高身体的平衡性和敏捷性）

动作 13（健身球普拉提）：跪在地板上，身体右侧靠在一个大健身球上；伸出左脚支撑身体，右腿仍跪在原地，右手搭在球上，左臂弯曲，左肘放于脑后，扶住颈部；侧弯腰，努力用左肘去触左胯，当无法再接近时返回，共做 8～12 次；然后换另一侧做。（这种锻炼始终都是在健身球上进行的，其有益于塑造腹部、胯部、臀部及下腰部的肌肉，同时，还可以建立良好的平衡性和协调性）

动作 14（弹力绳普拉提）：仰卧在地板上，双腿绷直，脚背弯曲；把弹力绳绕在脚上，两手抓住弹力绳的两端；深吸气，努力将肚脐贴向脊柱；深呼气，肱二头肌收缩，双手向胸部抬起，同时将脊背一点一点蜷起，深吸气；慢慢躺回地板的同时深呼气；深吸气，并将双手放下；以上动作重复5～10次。（可以锻炼胸部、背部和手臂的肌肉柔韧性）

动作 15（桥式）：仰卧，膝盖弯曲，双脚平放在地上，分开与肩同宽，双臂自然放在身体两侧，手掌朝下；做一个深呼吸，在腹部收缩时呼气；然后慢慢地弯曲髋关节，抬起臀部，用臀部和下背部抬起身体，用肩膀上部来支撑身体上半部，保持这个动作 10～15 秒；放松；再重复做一次。

第三节　空乘人员塑形训练及方法

空乘人员不仅对外表形象要求严格，而且对自身的身体素质以及体态要求很高，但"金无足赤，人无完人"，空乘人员也难免会有缺陷，如何克服这些缺陷，成为合格的空乘人员是这一小节研究的重点。

一、形体缺陷

（一）肥胖

拥有"S"形曲线身材是每个爱美女孩的梦想，作为女孩子，最不想听到的字眼就是"胖"，空乘人员由于工作具有特殊性，因此对体重的要求更加严格，肥胖自然是她们工作的大忌。体内脂肪堆积是导致肥胖的主要因素，如果没有专业的减肥指导，人们一般会采取节食这种方式来控制体重，事实上，这种方式并不科学，通过节食确实可以使体重减轻，但人身体里的脂肪并未减少，而之所以体重减轻，是因为身体里的水分流失了，所以，从根本上远离肥胖还需要减脂。

（二）手臂、大腿粗

大腿粗，人们俗称"大象腿"，手臂粗，人们戏谑称"麒麟臂"。腿粗、手臂粗，往往是由一些坏习惯造成的，如在椅子上一坐坐一整天；或者刚吃饱就马上坐下；不注意保暖导致双脚冰冷，血液循环越来越差；爱跷二郎腿；不爱运动；等等。当然，在饮食方面也需要注意，爱喝饮料、爱吃味道重的食物也会加重腿粗和手臂粗的情况。

（三）脊柱侧弯

脊柱侧弯是指脊柱由于先天因素或者后天损伤造成的畸形变化，具体又因为所在位置不同，造成的脊柱损伤也就不同，如冠状位序列异常和矢状位序列异常。正常人的脊柱应该是一条笔直的直线，而且躯干两侧对称。如果从正面看着双肩不是很平整或者从后面看发现双肩左右发生倾斜，就应该初步怀疑为"脊柱侧弯"。对于这种症状，早发现早治疗是关键，这种症状在空乘人员中毕竟是少数，就算真有这样的症状也比较轻微，发现及时治疗即可。

（四）"X"型腿、"O"型腿

"X"型腿和"O"型腿是指由于先天遗传或者后天骨骼发育不良、各种骨伤造成的后遗症，因为腿部形状类似于英文字母"X"和"O"而得名。人在儿童时期因为缺钙形成此类腿型，随着慢慢长大，腿型就会慢慢变得正常。还有些人是因为骨骼受伤形成这类腿型，这样可能很难矫正，但如果经常在专业医生的指导下进行锻炼，腿型也可能纠正过来。

（五）内、外八字脚

"八字脚"是指在走路时，两脚分开像"八"字。"八字脚"走起路来像螃蟹，姿势难看，步态走样，因为是偏着脚行走，所以会给人生活和劳动造成不便。"八字脚"有两种，即"内八字"和"外八字"，"内八字"的人走路时两个脚尖相对，脚后跟朝外，这种人的鞋容易磨损脚底内侧；"外八字"的人走路时与"内八字"的人恰恰相反。

（六）高低肩

高低肩的实质是脊柱弯曲畸形，一般属于先天造成的。但大部分有这种情况的人都是由于平时不良的体态习惯造成的，如不正确的背包姿势或者长期背单肩包导致人体两肩不一样高的现象。

（七）含胸驼背

驼背就是日常生活中常见的脊柱变形，是胸椎后突所引起的骨骼形态的改变。驼背一般是由姿势不恰当所造成的：上学期间由于升学压力，需要天天在题海中遨游，长时间的低头很容易造成驼背；由于坐姿不对，坐的时候东倒西歪，背部不挺立，时间久了也容易造成驼背；个子较高的人由于体型长，总会不自觉地前倾，时间久了也会造成驼背。一般由于背部肌肉薄弱而造成的驼背并不常见。

（八）塌腰

塌腰对骨骼的良好发育非常有害，塌腰会让我们的腰椎受到压迫，并且和腰椎相关联的其他关节也会或多或少受到影响。因此，如果发现自己有塌腰的迹象，尤其想要成为空乘人员，就必须及时纠正。

二、训练和矫正方法

（一）减脂

对于空乘人员而言，最有效的减脂方法为：进行有强度的有氧训练（跑步、瑜伽、强度较大的有氧操等），搭配均衡的营养膳食，同时减少水分的摄入。这样才能消耗体内多余的热量脂肪，脂肪减掉了，身材自然而然就好了。

（二）手臂、腿部粗的矫正

想要拥有修长的美腿，空乘人员就需要改掉一些生活中的坏习惯，通过抬腿、拉筋、做有氧操、快走、慢跑、游泳或者骑自行车，再搭配合理的饮食习惯，达到紧致腿部肌肉的效果。手臂要瘦也是同样的原理，通过拉筋、有氧操等活动促进手臂血液循环和脂肪消耗，从而达到手臂的效果。

（三）脊柱侧弯的矫正

在脊柱侧弯不严重的情况下通常采用非手术治疗法，即理疗、体操疗法、打石膏、支具治疗等。对于空乘人员而言，理疗、体操疗法是较合适的治疗方法。体操疗法不仅可以矫正脊柱侧弯，而且对空乘人员的身材塑造以及减脂都有帮助，是一举多得的好方法。

（四）腿型矫正

空乘人员可以通过用腿夹纸的方法来纠正"X"型腿和"O"型腿，这种方法不仅省事而且有效；如果通过上一种方法没有达到矫正腿型的目的，空乘人员还可以采用绑腿、夹板的方法，用这两种方法腿虽然会有点疼，但却可以矫正腿型，见效较快。没有恒心和毅力很难达到矫正的目的，因此需要空乘人员咬牙坚持。

（五）内、外八字脚的矫正

"八字脚"可以通过拉筋锻炼法达到矫正的目的。通过去健身房做器械运动拉伸脚部肌肉，也可以让专业指导经常按摩自己的脚底肌肉，从而达到矫正"八字脚"的目的。

（六）高低肩的矫正

预防高低肩可以通过以下方式：

（1）提肩。空乘人员可以在业余时间做提升肩胛骨及放松的动作。先双肩向上提，匀速吸气，持续一分钟；然后放松，呼气。按这样的频率做几组，每天坚持做，时间长了就可以矫正过来。

(2) 耸肩。双肩慢慢向前并向上耸起,深吸气,然后向下向后放松下来,呼气,做几次;之后向后向上耸肩,吸气,然后向下向前放松下来,呼气,做几次。每天固定做几组这样的运动,或需要放松肩膀时做。

(七) 含胸、驼背的矫正

姿势性驼背通过我们日常生活中的练习可以矫正过来。空乘人员可以采用以下方法进行矫正:

(1) 手扶墙压胸腰练习。双手手掌支撑在墙上,使自己背部与双腿呈 90°角;然后慢慢将腰部向下拉伸,拉伸到颈部抽搐的程度。重复这个动作十次,放松之后,再做同样的动作,这样重复三组即可。

(2) 背手挺胸练习。双手在背后交叉,手臂拉直,拉伸到手臂肌肉有紧绷感,头部向后仰起,感觉已经枕到背部,这样持续拉伸五分钟,然后放松。重复这个动作,直至感觉到颈部有酥麻的感觉。每天做一次,不仅有利于矫正驼背,而且能活动手臂肌肉。

(3) 坐位挺腰背。这种方法更容易操作,也就是我们常说的端正坐姿,脊柱挺直,头部后仰,并将头部左右转动活动肌肉,持续十分钟,重复几组即可。

(4) 扩胸运动。伸张双臂,一直伸直到手臂不能延伸,同时头部也要转动,屈时,双手握拳,双臂平放于胸;然后两肘带动两臂匀速向外拉伸。连续做几组动作,坚持就会有效果。

(5) 打滚运动。这种矫正方法不需要空乘人员专门设定固定的时间和组数,只需在床上自由打滚即可。来回在床上"滚"几次,过程中保持背部和头部接触床。这种方法不仅节省时间,而且令人舒适,空乘人员钟爱这种方法。

(6) 贴墙站立法。此方法同样简单,也容易操作。每天可以靠墙站立,脊背紧贴墙壁,头部同样抵住墙壁,双手紧贴大腿外侧,持续十分钟;然后放松,重复几组即可。用这种方法时要穿平底鞋,以保持平稳站立。

(7) 睡硬板床。空乘人员还可以在睡觉的时候尝试不枕枕头,直接睡在床铺上,而且最好是硬板床,这样可以增强背部肌肉,时间久了,也会纠正驼背。这种方法的弊端是容易造成第二天眼睛浮肿,空乘人员应慎用这种方法。

(8) 爬行运动。这种方法类似于俯卧撑,需要用双手和两脚的脚尖支撑整个身体的重量,对于手臂力量是一个重大的挑战和考验,但是这样可以很好地舒展背部肌肉,从而达到矫正驼背的目的。持续这个动作五分钟,放松,再重复此动作。虽然用此方法有点费力,但可以收到很好的效果。

以上几种矫正方法各自有各自的特点,空乘人员可根据自己的时间和空间以及自己驼背的具体情况选择几种方法锻炼,也可以每种方法都做,每种方法都做时可少做几组。不管采用怎样的方式,都需要坚持,坚持不懈才是战胜一切困难的法宝。经过一段时间的训练,一定会收到自己预想的效果。年龄越小,驼背越容易矫正,因此,一旦发现自己有驼背倾向,就及时纠正,这样效果会比较好。

（八）塌腰的矫正

矫正塌腰这种不良仪态，首先需要找到脊柱中立位，也就是日常行走保持正确站姿时脊柱应该保持的位置。找到脊柱中立位之后，空乘人员可以通过练习芭蕾舞的基本站立形态来纠正塌腰的站姿：收腹提臀，要让自己从侧面看拥有很薄的线条感，臀部需要使劲儿向上拉伸，感觉到臀部两侧肌肉有收紧的感觉，越紧越好，后脑勺、脖子、背部、腰部、臀部、大腿、小腿和脚后跟要努力做到呈一条直线。这样不仅可以拉伸肌肉、拉长自己的身体，而且还有提臀的效果，因此，练习舞蹈动作是纠正空乘人员不良仪态的非常有效的方法。

第九章 仪 态

 知识目标

使空乘人员了解仪态训练的基本知识,掌握塑造良好仪态的训练方法,掌握空乘人员不良姿态、不良习惯和不良心理的矫正方法。

 能力目标

通过练习,使空乘人员具备自身仪态检测的能力,提高空乘人员对仪态美的鉴别和自我塑造的能力水平。

第一节 仪态美的塑造

一、站姿

空乘人员标准的站姿是抬头、挺起胸膛、含颔、收腹部、提臀部、双肩自然而然下垂。对于男士和女士又有具体的要求:对于男士而言,需要将双脚微微分开,宽度要比肩略窄,并且双手交叉规矩放于腹前或体后;对于女士而言,需两只脚并在一起呈"V"字形或"丁"字形站立,双手交叉规矩放于腹前。

二、坐姿

入座的时候要小心翼翼,坐到椅子的 2/3 即可,切忌将椅子坐满;要轻轻倚着椅背,完全靠在椅背上是极不雅观的姿势;双膝要自然并拢;头要平正,挺胸、夹肩、立腰;如果是长时间端坐,可将两腿交叉重叠,但要注意将腿往回收。对于女士而言,可以双腿并拢并稍稍倾斜放于一侧,切不可将腿伸直或将两腿分开。男性乘务员正确坐姿如插页图 9-1 所示。

三、走姿

女空乘人员在行走时要抬起头、挺起胸、收腹、双臂自然摆动、步伐轻盈、面带微笑,走起来要干净利索但又不显得雷厉风行,而且身体要有向上拉的感觉。男空乘人员行走时，步伐要稳重，摆臂要自然，而且眼神里要充满自信。插页图 9-2 为女空乘人员和男空乘人员的正确走姿。

四、蹲姿

空乘人员不能总是站立，总要蹲下去捡物品，或者是蹲下帮忙拿东西。下蹲的时候，站立在需要捡起的物品旁边，屈膝蹲下，并且要抬头挺胸；捡东西的时候再慢慢地将腰部放下。整个过程切忌将臀部翘起，臀部一定要向下，以示对路人的尊重；注意在蹲下的时候要保持上身挺拔，神情自然，莫要慌张。插页图 9-3 为男性空乘人员正确的蹲姿。

五、手势

手势语言是我们谈话时的必要补充和添彩之笔，作为空乘人员，几乎每时每刻都需要与乘客接触，如接待乘客、为乘客解决棘手的问题等，这就需要空乘人员运用手势语言，即发挥肢体语言的魅力：握手、点头示意、搀扶等。动作的力度不要太大，需要注意的是：在帮助别人指明方向或指向人物时，应该用手掌，切不可用手指，也不可太高或太低；想让他人过来时，同样要用手掌，而且掌心要朝下，切不可掌心朝上，否则是对对方的不尊重。插页图 9-4 为空乘人员得体的手势语言。

六、目光与微笑

灵动的眼神、具有亲和力的微笑是空乘人员必备的素养。对于空乘人员而言，微笑是他们的基本功，更是他们的服务态度。作为一名训练有素的空乘人员，在与乘客接触时，首先要向对方微笑，要主动创造一个友好、热情并对自己服务有利的气氛和场景，以便赢得对方的满意。

一个人是不是开心地笑，是不是真诚地笑，从其眼睛中就能找到答案。因此，空乘人员在微笑时要目光真切，要有发自内心的微笑，真诚地欢迎乘客。而且真实地展现自己，让乘客和自己都得到快乐，都感到舒适，不也正是航空公司的服务宗旨吗？图 9-5 为空乘人员得体的目光与微笑。

图9-5　目光与微笑

七、鞠躬致意

鞠躬是完美礼仪结束后的必备动作，空乘人员在鞠躬时必须要伸直腰、脚跟靠拢、双脚尖处微微分开，呈小"八"字型，面带微笑，目视对方；然后以腰为节点，腰的上身向前弯曲，不能弯曲得太低也不能弯曲得太高，把握好尺度，还要注意弯腰的速度，速度要适中，弯腰之后抬头直腰，面带微笑，动作要慢条斯理地做，这样会令人感觉很舒服。鞠躬致意要在与对方目光交流的时候进行，且鞠躬时必须真诚地微笑，没有微笑的鞠躬是失礼的。因此，空乘人员在鞠躬致意时，一定要注意眼神和微笑，否则鞠躬致意的意义就大打折扣了。插页图9-6为空乘人员正确的鞠躬致意动作。

第二节　空乘人员服务仪态及训练

一、空乘人员常用服务仪态训练

（一）介绍

航前准备中，乘务人员会做一分钟自我介绍，从乘务长开始，依次做自我介绍。可以从工作的角度做自我介绍，同时完整介绍姓名、技术职称、工作年限、可担任号位（广播员、头等舱服务、厨房服务）等，方便乘务长进行工作号位的分工。

注意事项：介绍时，要面带微笑，充满自信与热情；要善于用眼神去表现自己的友善和亲和力；要注意语调、语气柔和、语速平缓，吐字清晰，从容不迫，仪态端庄大方，给乘客留下良好的第一印象。

（二）迎送宾客

1. 迎客

乘务长、乘务员按照各自号位所属区域站立，面带微笑，以"V"字步腹前握指式站立。

2. 登机

乘客登机时，登机门处空乘人员一只手做好指引手势，并附"欢迎登机"等问候语，如果是双通道飞机，要注意观察乘客登机牌，指引左、右通道。客舱乘务员注意为应急出口座位乘客做安全须知确认，做到"入座一个，确认一个"；其他空乘人员注意指引乘客尽快入座，辅助安放行李，保证过道畅通。空乘人员在迎客过程中要学会察言观色，及时妥善地满足乘客的服务需求（如为乘客提供报纸、毛毯、枕头、水等）。图9-7为客舱登机服务中的空乘人员。

图9-7　客舱登机服务

3. 送客

空乘人员要注意运用"谢谢""再见"等送宾词,欢送乘客下机,要与乘客有眼神交流;送客结束,注意清舱,认真检查行李架上、座椅上、座椅下、座椅口袋是否有乘客遗留物品,并向乘务长汇报和交接。

注意事项:迎送宾客应做到文明礼貌,面带笑容,空乘人员要以真心、诚心、热心、耐心为宾客打造一个温馨的"空中之家"。空乘人员发自内心的微笑是做好迎送宾客工作的前提和重要条件之一;关于姿态,男性空乘人员的姿态动作要展现出"刚健、潇洒、英武"的职业风范,而女性空乘人员则应体现出"轻盈、大方、恬静、典雅"的神韵;女性空乘人员以优美的"V"字步腹前握指式站姿迎送乘客,男性空乘人员以垂臂式站姿迎送乘客。

二、空乘人员客舱服务仪态训练

(一)送报纸、杂志

空乘人员应主动向乘客介绍各类报纸、书刊杂志等,做到面带微笑,语言到位,与乘客有目光交流。送出后应根据当时情况询问乘客是否需要打开阅读灯,如果乘客需要,帮助其打开。

注意事项:送报纸时,空乘人员要面带微笑,身体前倾,弯腰45°面对乘客,左(右)手拿报纸,扇形排开,熟练地给乘客报出当天准备的报纸的名称,热情地询问乘客需不需要,如需要,需要哪一份;语速适中,吐字清晰。图9-8为空乘人员正在为乘客提供送报纸服务的情形。

图9-8　客舱送报纸服务

(二)倒饮品

饮料服务是客舱餐食服务之一。空乘人员在服务间内打开饮料,但要盖好瓶盖。送饮料前,空乘人员应主动向乘客介绍水车内的饮料品种,由乘客自行选择。

第九章 仪态

注意事项：若乘客需要冷饮，空乘人员必须事先询问乘客是否需要加冰块。倒饮料时，一般以倒至水杯的七成为宜；用餐时，饮料可倒至八成；颠簸时，以倒五成为宜。为儿童提供饮料时应使用热饮杯，且以五成为宜。图 9-9 为空乘人员正在进行客舱酒水服务的情形。

（三）递交物品

递交物品时，空乘人员应双手递送，并将物品的正面朝向乘客，使乘客很容易看清楚。接受物品时，空乘人员也应礼貌地用双手接过来，并伴随礼貌用语（见图 9-10）。

注意事项：递送刀叉等尖锐物品时，空乘人员应将刀叉的柄朝向乘客，以便对方拿取；如递送别针之类的小东西，可以将其放在小托盘上递送给乘客，不但便于对方拿取，而且给人以亲切之感。

（四）递送餐盘

空乘人员端餐盘或其他盘状器皿时，应双手手指并拢，托于托盘底部两侧，大拇指放于盘的边缘；在将餐盘送给乘客时，应尽量双手递送或用右手递送，以示尊重（见图 9-11）。

注意事项：当餐盘中放置了水杯时，注意将有水的杯子放在腹前靠近自己身体的一侧，空器皿放置在另一侧，以防飞机颠簸时饮料洒溅到乘客身上。

图9-9　客舱酒水服务

图9-10　客舱递交物品服务

图9-11　客舱递送餐盘服务

第三节　空乘人员不良仪态纠错训练

空乘人员都需要经过专业的培训，但再严格的培训也还是会有一些小"瑕疵"，因为一些不良仪态持续了很久，不重视的话，不太容易纠正。但是为了更好地工作，为了让乘客享受最优质的服务，空乘人员不得不去戒掉这些不良仪态，来成就更完美的自己。

一、眼神不固定

眼睛是心灵的窗户,眼神传递的情感更是丰富多彩。因此,对于空乘人员而言,一定要有坚定的眼神,这样才能让乘客感到信任。但有时我们也会见到乘务人员目光呆滞、眼神游离;还有一些人在与人交谈时,东张西望,嘴里应着话,眼睛却不知道在看什么,眼神游移不定,这样的空乘人员让人感觉做事不认真,对乘客不尊重。

训练要点:在闲暇的时候盯着某一个目标物一段时间,自己设定一个时间组,每天在空闲时按时间做几组这样的训练,眼神不固定的毛病慢慢就会好转。

二、微笑或嘴角倾斜

在服务行业有种说法:世界上有四件难以保存的东西,一是机舱里的座位,二是酒店的住房,三是服务行业真诚的微笑,四是律师的宝贵时间。微笑是世界上最美的语言,也是世界上最有说服力的语言。微笑是服务人员美好心灵和诚恳服务态度的外在体现,是服务中与客人交流、沟通的有效纽带,空乘人员自然不例外。

训练要点:对于空乘人员而言,更应该学会微笑服务,而且对其微笑有一定的要求:首先,空乘人员微笑要表现出善意、友好和尊重,只有这样,才能消除与乘客之间的距离感和乘客的恐惧感;其次,空乘人员要懂得健康微笑原则、一视同仁原则、天天微笑原则、最佳时间原则和维持原则等几个微笑原则;最后,接受完培训却仍然没有达到微笑要求的空乘人员,可以自己私下锻炼:可采用镜面观察纠错法,对着镜子不断强化训练自己的微笑。对着镜子训练可以看到自己的表情,好处就在于可以及时纠正错误表情,经过这样的不断训练,带有善意的、具有亲和力的微笑就会形成了。

三、抖腿

抖腿是人们由于习惯养成的一种小动作,类似的小动作还有挠头、抠手指、紧张时拉衣服等。这些习惯有个共同特征:容易让人形成心理上的依赖。这些习惯一旦养成,就很难戒除。若空乘人员坐在座椅上不时抖腿,就会给乘客留下很不好的印象,给航空公司的形象造成较坏的影响。

训练要点:当空乘人员意识到自己有抖腿的不良习惯时,一定要及时纠正,因为这个习惯不仅不利于自身健康,而且对自己的工作也有不良影响。如果长时间坐着感觉身体不适,想要缓解,最好的方法是站立起来适当活动一下筋骨,这个方法要比简单的抖腿更管用。在这里简单介绍一下克制抖腿的方法:想要克制抖腿就需要在坐着或者无聊的时候集中注意力,一旦有想要抖腿的欲望,就立刻站起来;如果公共场合不方便站立,可以用一条腿将另一条腿压住,或者双腿交叉坐着,心中一旦有抖腿的想法,就暗示自己不要抖,将这一欲望立刻扼杀在"摇篮"中,时间久了,坏习惯自然就克服了。

第四节　空乘人员不良心理纠错训练

俗话说："金无足赤，人无完人。"尤其在面对单调的工作时，人难免会有一些不良情绪，久而久之就会形成不良心理。不良心理会对空乘人员的仪态产生不良的影响，因此，空乘人员需要正确纠正不良心理，从而保持良好的形象。

一、傲慢

空乘职业对员工自身素质要求高，成为一名空姐是很多女孩梦寐以求的事情。社会舆论也对空乘人员一片好评，这样的社会环境一方面促使更多人对空乘职业的向往和追求，另一方面也使部分空乘人员滋生了傲慢心理，认为自己的工作至高无上，在面对乘客询问航班能否正点起飞、能否顺利到达目的地时，他们并没有给予乘客耐心的解答和有亲和力的微笑，而是以趾高气扬的姿态给乘客甩脸色，有的空乘人员甚至恶狠狠地回答乘客，态度非常恶劣，严重损害了空乘人员在人们心目中的美好形象。

训练要点：认清自身定位，摆正自己位置，从心理和思想上放下傲慢心态；多读书，学习和传承中华民族谦虚的美德。

二、自卑

自我暗示法属于心理学科里边的一种方法，这种方法对于有自卑心理的空乘人员也同样适用。在面对突发状况时，在向外国友人服务时，在为乘客解决困难时，当内心感到胆怯，觉得自己做不好、做不成功时，空乘人员可以在心里暗暗鼓励自己："你是最棒的！你一定会成功！你的服务一定会让乘客满意！"不断在心里默念这几句话，不断鼓励自己。可能刚开始还是会自卑胆怯，但如果每次在出现自卑心理时都进行积极的自我暗示，时间久了就会自然在心理上对自己形成一种积极暗示，在这种强大的暗示力量的鼓舞下，自卑心理就会慢慢消失了。

训练要点：多进行自我鼓励；找出自己的长处多加展示，增加自信；每天对着镜子微笑，给自己加油；增加对空乘职业的热爱。

三、内向

内向是指人的性格、思想情感等深沉、不外露。性格比较内向的人可能观察够细致，善于思考，思想有深度，但想要成为一名出色的空乘人员必须要改变这种性格。空乘作为服务行业，不可避免地要与人打交道，而且需要较强的语言沟通能力，所以，要想成为一名空乘人员，就必须要改变内向的性格。虽然说"江山易改，本性难移"，但是如果自己足够努力，还是可以改变的。

训练要点：性格内向的人首先要懂得自我调适，不要考虑太多，思考太多容易苦恼伤身；其次，要扩大自己的社交圈，平常不仅仅要和周围的同事交流，也可以适当进行网络社交，慢慢地通过虚拟的网络学会与社会交流。

四、冷漠

性格比较内向的人，如果不懂得自我调适，很可能会沉浸在自己的世界里，产生一些消极情绪：缺乏自信、容易害羞、冷漠、寡言等。空乘这一工作的性质要求员工对待工作要热情，要乐观开朗，因此，不论是内向还是冷漠，空乘人员都需要克服，而且大多数人的内向和冷漠性格都属于假内向，他们内心其实迫切地想要改变自己，也渴望与别人接触、交流，可能是由于心理素质较差，在人际交往方面羞怯、紧张，从而阻碍了他们想接触外界的真实愿望。

训练要点：懂得自我调适，勇于打开自己的心扉接纳乘客、了解乘客，用心服务乘客、方便乘客，用爱心感染乘客，做一个内心有爱的空乘人员。

综上所述，无论采取怎样的方式来纠正空乘人员的不良仪态，都与专业的形体训练方法密不可分。因此，对于空乘人员而言，专业的形体训练是他们造就完美身材的利器。我们都知道舞蹈演员的体态是非常好的，而他们除了自身先天的优越条件之外（外貌等），专业的形体训练方法也是必不可少的，也就是我们通常所说的专业训练，舞蹈界称为"整形"。通过长期这样的训练，空乘人员身体的各个部位都能得到极好的锻炼，使脊柱保持挺拔的姿势，使全身肌肉都能苏醒，这是一种健康无风险的方式，而且效果持久，不仅对空乘人员有效，对我们普通人而言，也是一种不错的健康选择。

参 考 文 献

[1] 杨静．形体训练与形象设计[M]．北京：清华大学出版社，2018．

[2] 张霞．形体训练[M]．北京：科学出版社，2018．

[3] 付强．形体训练与形象塑造[M]．北京：人民邮电出版社，2017．

[4] 吴雨霜．空乘专业学生民航服务礼仪实训方法[J]．科技展望，2016（36）：278．

[5] 汪小玲．空乘专业学生民航服务礼仪实训方法[J]．经济研究导刊，2016（15）：157-158．

[6] 人力资源社会保障部教材办公室．形体训练[M]．4 版．北京：中国劳动社会保障出版社，2016．

[7] 周为民，杨桂芹，黄俊霞，等．民用航空服务礼仪[M]．北京：清华大学出版社，2015．

[8] 洪涛，杨静．空乘人员仪态与服务礼仪训练[M]．2 版．北京：旅游教育出版社，2014．

[9] 蔺雪莲，刘光同，冯夏娟，等．形体训练[M]．北京：北京师范大学出版社．2014．

[10] 刘科，刘博．空乘人员的形体与礼仪姿态塑造[M]．上海：上海交通大学出版社，2012．

[11] 王焱源，郁艳红．形体训练教程[M]．北京：现代教育出版社，2012．

附录 A 国内外乘务员招聘标准

国内外不同航空公司在招聘乘务员的标准上有很多相似之处，但也存在一定的差异，这与文化传承、地域差异等有一定的关系。又因为每个人的审美观点和考查侧重点不一致，所以，作为同一个航空公司，每批空姐的外貌特征是不同的，喜欢鸭蛋脸的考官招收的几乎全是尖下巴，喜欢圆脸的考官招收的几乎全是圆脸盘；有侧重英语能力的；有侧重内在气质的；也有侧重心理及服务意识的；等等。

国内招聘基本标准：没有先天性或后天获得性异常疾病和活动的、潜在的、急性或慢性的疾病，无骨与关节疾病或畸形，没有创伤、损伤或手术后遗症；五官端正、肤色好、身材匀称、性格开朗、举止端庄，无明显的"O"型和"X"型腿；无色盲、色弱、斜视，无较重的沙眼或倒睫；无口吃，无晕车、晕船史；女乘务员身高 164～172 cm，体重范围为[身高(cm)-110]×90%～[身高(cm)-110]，男乘务员身高 174～182 cm，体重范围为[身高(cm)-105]×90%～[身高(cm)-105]；女乘务员矫正视力 0.5 以上（C 字表视力标准），男乘务员裸眼视力 0.7 以上（C 字表视力标准）；会讲标准普通话；具有良好的英语能力；符合民航空勤人员体检及政审的相关要求。

外航招收中国空姐对外在条件、体重等的要求宽松得多，体态匀称就好，体重较重的情况下只要优秀也可以，更注重心理素质等内在素养。据了解，外航初选空姐的条件为：未婚、身体健康、品貌端庄、视力良好（可以佩戴框架眼镜）、身高不低于 160cm、能摸高 212 cm、年龄 20～26 周岁、大专以上学历、能讲标准的普通话和英语。

（一）国内主要航空公司招乘的具体要求

1. 中国国际航空股份有限公司招乘具体要求

国航英文名称为"Air China Limited"，简称"Air China"，其前身中国国际航空公司，成立于 1988 年，历史可追溯至 1955 年。国航是中国航空集团公司控股的航空运输主业公司，其招乘的具体要求如下。

（1）年龄：25 周岁及以下；具有研究生（含）以上学历的应聘者，年龄 28 周岁及以下；具有乘务飞行经验（累计飞行时间满 1 200 小时）的应聘者，年龄 30 周岁及以下。

（2）身高：女，163～173 cm；男，173～185 cm。

（3）体重(kg)：女，[身高(cm)-110]×90%～[身高(cm)-110]；男，[身高(cm)-105]×90%～[身高(cm)-105]。

（4）视力：女生矫正视力0.5 以上；男生裸眼视力 0.7 以上（C 字表视力标准）。

（5）素质条件：具有良好的英语口语水平；普通话发音标准，口齿清晰，表达流利；五官端正、身材匀称、动作协调、形象气质佳；男性应聘者须通过体能考核，体能考核项目及标准参照民航局相关政策执行；具有乘务飞行经历、医护经验或持有小语种相应等级证书的应聘者，可在同等条件下优先录用。

（6）其他：拥有中华人民共和国公民身份；本人及家庭成员无犯罪记录，符合空勤人员背景调查相关要求；符合空勤人员体检相关要求。

2. 南方航空招乘具体要求

（1）男女不限，男生身高 175～185 cm，女生身高 163～175 cm；国家教育部承认的大专及以上学历。

（2）外语。乘务（安全）员：无须提供英语证书，面试及笔试环节有英语测试。"明珠之蓝"精英乘务员需提供相关外语证书，具体如下：

英语类（下列五项满足其中之一）：① 通过大学英语六级（CET6）及以上考试；② 通过英语专业四级（TEM4）及以上考试；③ 托业考试分数 650 分（含）以上；④ 英语新托福考试 60 分（含）以上；⑤ 英语雅思考试得分 6.0 分（含）以上。

小语种类：法语、俄语、德语、日语、韩语等五类专业的应聘人员，除通过以下任一小语种等级外，还需通过大学英语四级（CET4）：① 法语专业四级（含）以上；② 俄语专业四级（含）以上；③ 德语专业四级（含）以上；④ 韩语五级（含）以上；⑤ 日语等级考试N2（含）以上。

（3）身体和体能条件：满足中国民用航空局颁布的《中国民用航空人员医学标准和体检合格证管理规则》（CCAR-67FS）中规定的体检标准；根据民航局要求，男生在取得安全员执照前须参加民航局组织的安全员初始体能训练考核。

3. 山东航空招乘具体要求

（1）学历条件：国家教育部承认的全日制大专（含）以上学历（学信网可查询）；不接受现役军人、武警报名。

（2）年龄条件：未婚；本科学历23岁以下，专科学历22岁以下。

（3）身高：女生，164～174 cm；男生，174～184 cm。

视力：任何一眼未矫正或矫正后远视力 C 字表 0.5，无斜视；任何一眼未矫正或矫正后单眼裸眼视力 C 字表 0.7，无斜视。

体重(kg)：[身高(cm)-110]（1±10%）。

色觉：无斜视、色弱、色盲。

（4）外语条件：有较好的英语基础，能用英语进行交流，通过大学英语四级（CET 4）考试（425 分以上）或雅思 A 类 5.0 以上者优先。

（5）男生必须通过体能考核，体能考核项目及标准：3 000 米 17 分钟（含）以内；100 米 15 秒（含）以内；引体向上 3 个（含）以上；双杠臂屈伸 5 个（含）以上；立定跳远 2 米；1 分钟屈腿仰卧起坐 26 个。

（6）面试仪容仪表和着装要求：仪容仪表干净整洁，不化浓妆；不戴假睫毛、美瞳等装饰品及饰物；头发梳理整齐，露出前额和耳朵；着装需要朴素大方，男生着白色短袖衬衣、打领带，穿深色长裤、黑皮鞋，女生着白色短袖衬衣、深色半裙（裙子长度在膝盖上、下约3cm处），不穿着连裤袜、长筒袜。

（7）体检要求：满足中国民用航空局颁布的《中国民用航空人员医学标准和体检合格证管理规则》（CCAR-67FS）中规定的体检标准。

（8）其他：五官端正、身体匀称、肤色健康；无口吃，无晕车、晕船史；无传染病、慢性病；无精神病家族史、遗传病史；无腋臭，无文身；颜面部及四肢暴露部位无明显疤痕，无久治不愈的皮肤病；无骨与关节疾病或畸形。

4. 东方航空招乘具体要求

（1）具有国家认可的大专（含）以上学历；有乘务（航空安全）员飞行工作经验者需具有中专及以上学历；户籍不限；专业不限。

（2）年龄 18～25 周岁；有乘务（航空安全）员飞行工作经历（累计飞行时间满1 000 小时）。

（3）身体条件满足中国民用航空局颁布的《民用航空人员体检合格证管理规则》（CCAR-67FS-R2）中规定的体检标准。

（4）无色盲、色弱；女生身高 163～175 cm（或踮足而立时手指须触及 212 cm），男生身高 173～185 cm；男生须通过体能考核，体能考核项目及标准如表 A-1 所示。

表 A-1 男生体能考核项目及标准（东方航空）

项 目	3 000 m	100 m	引体向上	双杠臂屈伸	立定跳远	1分钟屈腿仰卧起坐
标 准	17分	15秒50	3个	5个	2 m	26个

（5）符合空勤人员背景调查相关要求。

5. 海南航空股份有限公司招乘具体要求

（1）普通乘务员报名条件。

学历（学历验证以中国高等教育学生信息网查询结果为依据）：大专二年级及以上在校、应届、往届生，专业不限；本科三年级及以上在校、应届、往届生，专业不限。

语言：要求外语口语较为流利，日常交流基本无障碍；普通话标准（声韵母发音清楚，方言语调不明显）。

年龄：大专（含）以上，18～25 周岁；硕士（含）以上，27 周岁以下；成熟乘务员（累计飞行 800 小时以上），年龄 30 周岁（含）以下。

外形：女，五官端正，面容姣好，气质佳；男，五官端正，体格健康（需兼职安全员，体能测试成绩须合格，双眼裸眼视力或手术后矫正双眼裸眼视力应达到 C 字表 0.7 及以上）。

身高：女 165（含）～175 cm（含），男 173（含）～184 cm（含）。

体重(kg)：女，[身高(cm)-110]×90%～[身高(cm)-110]；男，[身高(cm)-105]×90%～[身高(cm)-105]。

体能：男生单杠 4 个（含）以上、双杠 7 个（含）以上、5×10 米折返 55 秒（含）以内、3 000 米 17 分钟（含）以内。

（2）外语特长乘务员报名条件。

英语专业，取得英语专业四级（含）以上等级证书，或小语种专业，通过大学英语四级考试（425 分以上），同时具备如下任一证书：俄语专业四级（含）以上；韩语五级（含）以上；日语国际能力测试 N2 级（含）以上；法语专业四级（含）以上；德语专业四级（含）以上；其他语种国内最高专业等级。

非外语专业需达到下列任一要求：大学英语六级考试 425 分（含）以上；商务英语中级（含）以上；托业 600 分（含）以上；托福 60 分（含）以上；雅思 6 分（含）以上，或听力、口语任一分数达 6 分（含）以上；有 1 年以上海外留学经历（须通过教育部留学服务中心国外学历学位认证中心认证）。

（二）国外主要航空公司招乘的具体要求

1. 大韩航空招乘具体要求

大韩航空成立于 1969 年，是全球 20 家规模最大的航空公司之一，目前，大韩航空在中国已开通 30 多条客运航线，是中国通航城市最多的国际航空公司之一。大韩航空公司招聘中国籍乘务员的条件如下：女性，中华人民共和国公民；身高 162 cm 以上；大学（专科）以上学历；无年龄限制；矫正视力 1.0 以上；适合从事空勤乘务工作；有流利的英文听、说、读、写能力，相当于托业 550 分的水平（可以用 CET 证书或其他英语考试证书代替）；精通韩语者优先。

2. 芬兰航空公司招乘具体要求

芬兰航空也是在中国拥有航线最多的欧洲航空公司之一，现有北京、上海、西安以及重庆几大基地。其不但在全球航空公司安全评级中获得最高评分，并且在 2015 年被航空业权威网站 www.airlineratings.com 评选为全球十大安全航空公司之一。

芬航空乘应聘条件：大专或以上学历；年龄 19 周岁（含）以上；身高 163 cm 以上（通常外航有踮足摸高需要达到 212 cm 的要求，具体要求以外航招聘时的具体规定为准）；具备流利的中、英文口语表达能力以及书写能力；性格开朗，具有团队精神，能够在压力下工作，有良好的客户服务意识、灵活的应变能力及良好的沟通能力；五官端正，仪态大方，身体健康，无文身，体检合格，视力良好，个人及直系亲属无犯罪记录，个人档案正规完整。

3. 美国各航空公司招乘具体要求

美国联合航空（United Airlines）、美国航空（American Airlines）、达美航空（Delta Airlines）招募"中文空服员（Mandarin Chinese Speaker）"的标准：

（1）亚洲各国招考空姐要求进行选美比赛，而美国和国际航空公司更加重视空服人员是否具有流利的双语能力、态度是否友善亲切，对年龄、身高、体态没有严格限制。

（2）联合航空招聘，年龄要求 21 岁以上、有高中学历、能流利说英文与中文、至少有绿卡。身高没严格要求，只要踮脚、高举双手能碰到上方行李箱即可，大概在 165～

172 cm 左右。不用太担心自己的年龄与外表，除了展现语言能力，最重要展现善于交流、随机应变、团队合作的能力。

（3）招募中文与广东话空服员的美国航空公司要求申请者年龄在 20 岁以上，对身高没有要求，若有服务业经验可加分。考上后要到得克萨斯州达拉斯总部受训，接着被派往纽约等地。

（4）达美航空则要求中文空服员申请者年满 21 岁、必须有高中学历，若有两年制大学或以上学历、有客服经验可加分。

4. 卡塔尔航空招乘具体要求

卡塔尔航空要求空服员高中以上学历，无年龄限制，手臂可达高度 208 cm 以上，矫正视力 1.0 以上，语言能力优秀。卡塔尔航空的初试环节由北京外航服务有限公司的面试官负责，初选环节较为重要的是得体的妆容和仪表；复试环节是由卡航考官作为主考官，通过初试环节的考生方有资格参加复试环节；考生还要进行外语考试、摸高及即兴演讲与问答等测试。

5. 阿联酋航空公司招乘具体要求

阿联酋航空公司要求空服员高中以上学历，无年龄限制，手臂可达高度 208 cm 以上，矫正视力 1.0 以上，另外，对身体素质、体型、外貌等进行综合评价。面试后会经过 2～4 个月的培训，内容涉及日常的妆发、乘客安全急救等，如飞机灭火、病人急救，甚至为孕妇接生等。

6. 德国汉莎招乘具体要求

汉莎空中乘务员服务于公司运营的每周 23 个往返于中国和德国的航班。汉莎每周运营的航班包括北京与法兰克福的每日直达航班，上海与法兰克福的每周 6 班直达航班以及香港与法兰克福的每周 10 个航班。其招聘标准主要有：

（1）英文好。由于是在国际航班上工作，所以英语要非常熟练，特别是口语。

（2）年龄要求是 21～35 岁，也就是说，招收的不是学生，而是具有一定社会经验、比较成熟的人。

（3）不需要特别出众的相貌和身材，但要有良好的气质和修养，稳重而不失活泼。

（4）必须适合做这份工作，有服务的意识，懂得服务的技巧，有较强的应变能力。

（5）要有在团队中主动沟通、团结协作的精神和与人为善的态度，具有团队精神。